プロジェクトマネジャーからのメッセージ

生きた技術経営 MOT

長沢伸也 編著

早稲田大学ビジネススクール長沢研究室
大貫明人　検見崎兼秀　石川誠
梅田學　榎新二　豊泉光男　著

日科技連

まえがき

　日本の優良企業における商品開発あるいは事業開発の成功から学ぶところは多大なものがある．早稲田大学大学院アジア太平洋研究科国際経営学専攻（早稲田ビジネススクール）MOT（技術経営）専修長沢ゼミでは，これらの成功を導いた直接の当事者の講演あるいはヒアリングの機会を得た．それぞれの成功要因に共通して見られたのは，「生きた技術経営（MOT）」の存在であった．

　本書は，優良企業6件の成功事例を個別にまとめたものであり，次のような特徴がある．
(1) それぞれの当事者の生の声をできるだけ活かすことで，各事例における「生きた技術経営」の実態を生き生きと紹介する．
(2) 講演やヒアリングを再構成することで，各プロジェクトがどのような技術経営のもとに成功を収めていったか「成功のポイント」を導き出す．

　上記の特徴を踏まえて，次の2点を本書のねらいとする．
(1) 各事例の成功のポイントを通じて，企業の第一線で活躍する新商品・新事業開発担当者やプロダクトマネジャー，新製品開発担当の技術者や管理者，新たに起業を企てようとする人々が，ビジネス成功に向けての大きな示唆を得られることをねらいとする．
(2) 技術経営（MOT）を学ぶ学生が新製品開発・新事業開拓における企業活動の実態を学べるケースブックとして活用できることをねらいとする．

　また，想定読者は以下のような方々である．
(1) 企業の新商品・新事業開発担当者およびプロダクトマネジャー．
(2) 技術系企業の製品開発担当技術者および管理者．
(3) 技術系ベンチャーの起業家．
(4) 技術経営（MOT）を学ぶ学生．

本書がこれらの方々の実務や研鑽に役立つとともに，早稲田大学大学院アジア太平洋研究科MOT（技術経営）長沢ゼミの存在と活動を読者の皆さまに知っていただけたら，望外の幸せである．

　本書は，お忙しい中，大学院での講義やヒアリングに応じていただいた下記の事例提供者の方々のご協力がなければ成り立ち得なかった．また，ご協力いただいた企業の広報担当の方々にも大変お世話になった．さらに，NTTドコモ榎啓一氏と富士写真フイルム岩部和記氏は，早稲田大学大学院田村泰一助教授のご紹介である．これらの方々に厚くお礼申し上げる．

　6名の執筆者はいずれもゼミ生ではあるが，ゼミ生といっても年齢30～53歳の社会人であり，ほとんどが本業に勤務しながらの勉学である．さらに本書の執筆は，修士論文とはまったく別の活動として行われた．執筆者各位の「熱い想い」には敬服する次第である．また，検見崎兼秀氏には，執筆者間の調整や連絡など，事実上の編集長の任にあたっていただいた．心より感謝したい．最後に，本書は，日科技連出版社の小川正晴出版部長と福本一樹氏のご尽力により形となった．ここに厚くお礼申し上げる．

　2004年7月　都の西北にて

編著者　長沢伸也

≪事例提供にご協力いただいた方≫（登場順）
- 株式会社エヌ・ティ・ティ・ドコモ(NTTドコモ)　榎啓一様
- 富士写真フイルム株式会社　岩部和記様
- 日産自動車株式会社　清水哲夫様，戸井雅宏様
- 株式会社ワコール　篠崎彰大様，小山真様
- 株式会社キタック　中山輝也様
- アースデザインインターナショナル株式会社　塚本英樹様

目　　次

まえがき ……………………………………………………………… iii

第 1 章　新商品開発マネジメントと技術経営（MOT）………… 1
1.1　問題なのは新商品開発マネジメント　　1
1.2　魅力的なヒット商品の開発　　2
1.3　技術経営（MOT）における新商品開発マネジメント　　3
1.4　日米で MOT 教育格差　　4
1.5　日本企業の新商品開発マネジメントの現状　　6
1.6　新商品開発マネジメントの研究課題　　9
1.7　ヒット商品開発には法則　　10
1.8　戦わずして勝つ　　11
1.9　本書で紹介する「生きた MOT 事例」　　12

第 2 章　NTT ドコモの i モード開発………………………… 21
2.1　はじめに　　21
2.2　市場環境と商品開発決定のプロセス　　22
2.3　プロジェクト始動　　24
2.4　商品開発のコンセプト　　32
2.5　商品開発　　35
2.6　ビジネスモデル分析　　38
2.7　成功のポイント　　41

第 3 章　富士写真フイルムのデジタルカメラ事業 …………… 49
3.1　はじめに　　49
3.2　デジタルカメラの現状　　50

3.3　富士写真フイルム FinePix700 開発前夜　　52
　　3.4　150万画素デジタルカメラ FinePix700 の開発　　59
　　3.5　富士写真フイルムの競争優位性　　65
　　3.6　富士写真フイルムのめざすデジタルカメラ事業　　75
　　3.7　成功のポイント　　79

第4章　日産「X‐TRAIL」の開発　　83
　　4.1　はじめに　　83
　　4.2　顧客のニーズを生かした商品開発　　85
　　4.3　歴史的転換点を乗り越えた「熱い想い」　　89
　　4.4　開発者の意識と知識　　98
　　4.5　高いマーケティング感覚　　103
　　4.6　商品企画七つ道具の活用　　109
　　4.7　ブランドアイデンティティー　　111
　　4.8　成功のポイント　　113

第5章　ワコールの婦人用下着開発　　119
　　5.1　はじめに　　119
　　5.2　ワコール概要　　120
　　5.3　ワコールにおける商品開発プロセス　　124
　　5.4　人間を"科学"する　　127
　　5.5　"科学"から"技術"へ　　132
　　5.6　商品開発事例～「シャキッとブラ」の開発～　　133
　　5.7　成功のポイント　　139

第6章　キタックの環境ビジネス　　147
　　6.1　はじめに　　147
　　6.2　キタックの概要　　147
　　6.3　技術起点の経営　　149
　　6.4　建設コンサルタント事業の成功要因　　158

6.5　新事業開発の背景　　165
6.6　新技術による第二創業　　170
6.7　成功のポイント　　172

第7章　アースデザインインターナショナルの廃棄物ベンチャービジネス……… 177

7.1　はじめに　　177
7.2　廃棄物問題を考える　　178
7.3　アースデザインインターナショナルとは　　181
7.4　塚本社長のアントレプレヌールシップ　　183
7.5　EDIのビジネスモデル　　185
7.6　EDIの資金調達　　195
7.7　成功のポイント　　200

第1章
新商品開発マネジメントと技術経営(MOT)

第1章では,第2章以降で紹介する「生きたMOT事例」への導入として,新商品開発マネジメントの重要性や技術経営(MOT)について整理する.そして第2章以降で紹介する各事例について,簡単に解説する.

1.1 問題なのは新商品開発マネジメント

日本企業は長らく「モノをつくれば売れる」という時代に慣らされていた.そこでは,「どうやってモノをつくるか」が問題であった.日本企業は優秀だった.大胆に割り切って牛丼のキャッチフレーズになぞらえれば,

① うまい(高品質,Q)…QCサークルを含む全社的品質管理(TQC)を生み出し対応
② 安い(低コスト,C)…原価企画を生み出し対応
③ 早い(短納期,D)…トヨタ生産方式を生み出し対応

となる.全社的品質管理,原価企画,トヨタ生産方式のいずれも日本企業で生み出されたことは,日本企業の強みを端的に表している.

すなわち,1980年代までの日本の成功モデルは製品をQCDの基準でつくるということであった.しかし,今はQCDだけでモノをつくっても売れないのである.売れるモノづくりにはQCDで商品をつくることの前に,「新商品開発」に成功する必要がある.そこでは,「どういうモノをつくるか」が問題になる.

「これをつくれば必ずヒットする,というモノがあったら言ってくれ.何でもつくってみせてやる」.日本を代表する製造業のトップの方とお話すると,このように豪語(?)される.その製造能力の高さには舌を巻くが,商品開発力の貧しさには絶句する.これが日本企業の生産の強みであるとともに悩みではないだろうか.そうだとしたら問題はQCDではなく,新商品開発のマネジメントである.

20世紀の製造業のゲームのルールはQCDであった.QCDは手堅くマネジメントできた.たとえて言えば守りないしは後ろ向きである.これに対して,21世紀のルールは,「新商品開発+QCD」である.従来のQCDに,商品の魅力づくりが加わった.

商品に魅力があって，そのうえで「うまくて，安くて，早い」のが望まれている．魅力づくりは手堅さではなく創造性で，たとえるなら攻めないしは前向きである．これはマネジメントしにくいし，マネジメントした経験もノウハウもなく，日本企業が不得手とするところである．しかし，ゲームのルールとマネジメントの対象が大きく変わったのである．

　日本の大企業は，1980年代の成功体験から抜け出すことがいまだにできないでいる．今でも，売れるモノづくりは「QCDでつくることだ」，「QCDをマネジメントすればよい」と考えている大企業の経営者は多い．しかし，QCDマネジメントの「わな」は，たとえばコスト削減のような守りにだけ目を向け，商品の魅力向上による攻めが二の次になることだ．日本で作っていてはコスト削減に限界があるので人件費の安いアジアに生産を移そう，アジアに生産を移したらコストは下がったが不良率が高い，不良率を下げるのは日本で豊富な経験のある品質管理の出番だ，やっぱりQCDが重要だというクローズドループに陥ってしまう．やがてはQCDがアジアに移転され，品質で遜色がなく，さらにはコストで逆転されたアジア製品に席巻される道につながるジリ貧のビジネスモデルではないか．21世紀の製造業では「新商品開発をいかに行うか」が重要な論点となる．製造業の経営者に話を聞くと「わが社の商品は品質が良くて価格が安いのに，なぜか売れない」と嘆かれる．それは商品に魅力がないのである．売れないのは，新商品開発がマネジメントできていないからなのだ．

1.2　魅力的なヒット商品の開発

　今，デフレ下にあって日本企業の多くに元気がない．しかし，少ないながら元気な企業もある．元気な企業は商品がヒットしている．商品がヒットしたのは，運任せで経営者が神頼みしたのだろうか．昨今，ブランドが注目されているが，商品に魅力がなくてもブランドだけで売れるのだろうか．筆者はそうは思わない．重要なのはブランドをどのようにつくるかである．具体的には，魅力ある商品づくりをすることであろう．

　ホンダがホンダらしい車をつくり，日産が日産らしい車をつくるとヒットするし，ブランド価値は向上する．これがブランドアイデンティティーであろう．ホンダや日産がトヨタみたいな車をつくっていたのでは売れるわけがないし，ブランドや企業の

存在理由がない．

　商品づくりは企業の全社全部門の仕事である．デザインマインドのある経営者が「どうありたい」，「どういう商品を世に出したい」というイマジネーションや創造，熱い想いを打ち出し，全社全員がその気になる目標やビジョンを共有し，一気通貫で行われなければならない．そこには総合力や調整力，つまりマネジメント力が必要となる．極論すれば，商品づくりやモノづくりが企業を変えるのである．

　ある企業でヒット商品が生まれ，功労者に社長表彰ということになったら，50人が一斉に手を挙げた．時が移って，同じ会社で社運を賭けた新商品が空振りとなり，会社が傾いた．戦犯は誰だということになったが，誰も名乗り出ない．戦犯と名指しされた人は，「性能が悪い」，「デザインが悪い」，「営業が悪い」となすり合いをする始末．商品開発関係者は同じく50人いるはずなのに…．笑い話と受け止めただろうか．筆者はヒット商品の本質を表していると思う．野球でも，勝利したチームの監督は「投げるべき人が投げ，打つべき人が打ち，守るべき人が守った，チーム一丸となった勝利」などと勝因を語る．反対に，「投打が噛み合わず，ちぐはぐだった」のでは勝利はおぼつかない．

　ヒットする商品づくりは結果でもあるが，目標でもあり，プロセスでもあり，マネジメントでもある．先見，先進，先取のマネジメントで魅力的なヒット商品を開発していくことが重要である．

1.3　技術経営(MOT)における新商品開発マネジメント

　戦後，日本製品は「安かろう，悪かろう」と言われた．生産された製品を検査して不良品を取り除いたり，手直ししていたのでは手遅れである．では，検査の1つ前の生産段階で不良品をつくらないように生産すればよいか．しかし，生産工程でいくら頑張っても，不良品をつくりやすい設計では対応できない．それでは，生産の1つ前の設計段階で設計を審査(デザインレビュー)し，不良品をつくらないようにすればよいか．しかし，設計でいくら頑張っても，企画が反映されない設計では困るので，品質機能展開(QFD)で両者を対応づければよい．このようにトコトンさかのぼって行き(源流管理)，その水源ともいうべき新商品の企画や開発はどうやるのかというと，答えを持ち合わせていない．経験と勘と度胸(KKD)という人もいるが，そ

れはマネジメントではない．生産された最終製品に不具合や手直しがないという意味で不良率 0 パーセントであったとしても，まったく売れずに不良在庫や廃棄処分になれば不良率 100 パーセントである．

　日本の大学の工学部では，生産管理や品質管理の講義があり，その手法を学ぶことができる．経営学部・商学部やビジネススクールのマーケティングの講義は流通論や広告論が中心であり(流通業界または広告業界出身の教授が多い)，マーケティングリサーチの講義があれば市場調査の手法を学ぶことができる．ヒット商品がなぜヒットしたかを分析することはあるかもしれない．しかし，ヒット商品をどうやってつくるのか，新商品開発のマネジメントやその方法論はというと，ほとんどどこでも講義されていない．

　製造業がつくる製品は，技術的な要素が大きいので，プロダクトマネジャーなどの商品開発担当者は技術者がなることが多い．例えば，自動車企業では，エンジン設計や車体設計の技術者が昇格してプロダクトマネジャーになることが多い．しかし，エンジン技術のみの視点から新車の開発を行えるものではない．マーケティング，デザイン，コスト，投資効率，環境問題など，技術以外の分野を視野に入れて技術選択や技術開発を行う必要がある．まさに技術やメカの塊のような自動車を多角的な視点からマネジメントすることで，これなどは典型的な MOT (Management of Technology, 技術経営)といえるであろう．

　1980 年代は製造業で日本の「モノづくり(生産)システム」が優位に立ち，日本の競争力の源だったが，1990 年代に相当程度，海外移転し始め，日本の比較優位が減少していった．入れ替わりに，1990 年代以降はアメリカの「新商品開発のシステム」が優位に立ったのである．アメリカのビジネススクール，とりわけ MOT (技術経営)スクールでは，日本では開講されていない「プロダクトマネジメント」とか「デザインマネジメント」という講義がある．これがその理由のすべてではないにしろ，日本の大学院レベルで MOT，とりわけ新商品開発マネジメントが教育・研究されることの意義は大きい．

1.4　日米で MOT 教育格差

　1990 年代の日本の経済は，失われた十年と言われている．この 90 年代に日米の

経済競争力に差がついた要因の1つとして，日本のMOT研究と大学院レベルの教育の遅れが指摘されている．事実，米国のMOT教育は80年代頃から本格的になり，現在すでに200校以上の大学院で教育が行われ，毎年1万人以上の卒業生が修士の学位を取得している．

一方，日本では2003年から早稲田大学と芝浦工業大学で修士学位が取得できる課程が，また，東京大学などでパッケージ化されたプログラムがスタートするなど，大学院レベルのMOT教育がようやく始まったばかりである．このため，日本のMOT教育レベルを米国と比較すると，大学院数や修了者数で大きな格差があり，残念ながら出遅れていることは否定できない．

MOTは一般に，「経営感覚を持った技術者の養成」と理解されている．しかし，多くの人は，工学部を出たエンジニアが経営学を大学院レベルで勉強してMBA（経営学修士）の学位を取ることであると短絡しているのではないか．もし，そうであれば，2つの専門（ダブル・メジャー）や2つの学位（デュアル・デグリー）を持つということで事は足りる．それはそれで意味のあることではあるが，あえてMOTは必要ない．

MOTというからには，もっと奥深い意味合いがある．そもそもMOTは直訳すれば「技術のマネジメント」である．ベータ方式とVHS方式をめぐるVTR規格戦争を持ち出すまでもなく，技術的に優れたものが必ずしも市場を制するとは限らない．すなわち，技術のみの視点から技術開発や技術選択を行うものではなく，投資効率，環境問題，マーケティングなど，技術以外の分野を視野に入れて技術選択を行う必要がある．まさに技術を多角的な視点で経営することである．そして，そこの技術開発や技術選択はどういうときに行われ，必要になるかというと，新商品開発や新事業開発においてである．世界的な競争力のランキングなどでは，日本は技術力では世界トップ水準だが，マネジメントでは下位に低迷している．「高い技術や研究開発こそ生命線．研究開発さえしていれば売り上げはついてくる．経営環境が厳しくても研究開発費は削らない」という日本の製造業は少なくないだろう．しかし，「その高い技術や研究開発が商品や売り上げに結びつかない．研究開発費の増加に見合うほど売り上げは伸びていない」という声もよく聞かれる．これは図に示すようにマネジメントの問題である．

素晴らしい技術や研究開発も最終的に商品の形で広く人々に届けられ，生活に貢献しなければ存在していないに等しい．「商品の形で広く人々に届けられる」とは「商

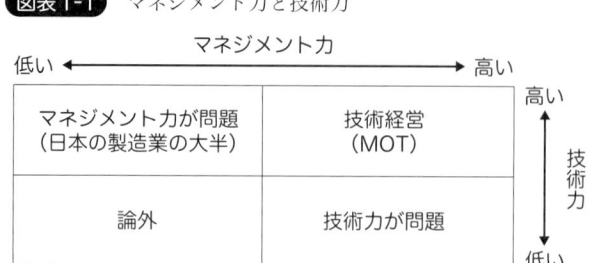

図表 1-1 マネジメント力と技術力

品化されて，売れる」ということに他ならない．品質も同じである．売れる品質が良い品質なのであり，「品質が良いのに売れない」のは悪い品質である．全社的品質管理(TQC)は品質経営(TQM)と変化し，「品質**による**経営」と理解されているようであるが，「品質**の**経営」つまり「商品の重要な要素である品質(顧客価値)をマネジメントする」のでなければ意味がない．

　企業が従来はドメインとしていなかった分野に新商品やサービスを提供するのが新事業開発だとすれば，以上の意味で，「MOTの真髄は新商品・新事業開発にあり」ということもできる．

1.5　日本企業の新商品開発マネジメントの現状

　日本企業における新商品開発の実態は，1980年代と1990年代でどのように変わったのであろうか．各分野の新製品のライフサイクルの変化を図表1-2に示す．図表1-2からわかるように，もともとライフサイクルの長かった医薬品でもライフサイクルは縮まっているし，もともとライフサイクルの短かった半導体や情報通信でもライフサイクルはさらに縮まっている．「失われた10年」は「商品寿命が劇的に縮まった10年」でもある．ただし，この資料は1998年のものであるから，現在ではこのライフサイクルの短縮化の傾向がもっと加速していることは想像に難くない．

　新製品のライフサイクルが長くて大量に売れ続けるのであれば，日本企業が得意とする「カイゼン」の余地は大きいが，商品寿命が縮まってくるとQCDの改善効果が十分発揮される前に次の商品や他の商品に移ってしまう．

　この状況下で，企業が儲け続けるために取るべき戦略は，現実に商品のライフサイ

図表1-2 各分野の新製品のライフサイクル

	洗剤油脂等	食料品	繊維	情報通信	半導体	化成品	自動車	医薬品	平均
10年前	7.7	6.4	5.8	4.8	5.4	14.1	7.3	15.8	11.1
現在	5.7	2.8	4.1	2	2.9	5.7	4.6	9	8.1

（単位：年間）

（出典）「産業技術力強化のための実態調査報告書」，経済団体連合会，1998．

クルを短くしなければならない．その戦略としては，

① とにかく新商品を次々に打ち出し続ける→利益なき繁忙
② 売れ筋や嗜好の変化に素早く対応してたくさん売る→SCM（サプライ チェーン マネジメント）
③ 新商品を確実にヒットさせる→新商品開発マネジメント（狭義）

があろう．

これに対して，商品自体の寿命を長くする戦略としては，

④ 顧客を囲い込み，長期間にわたってたくさん買ってもらう→CRM（カスタマー リレーションシップ マネジメント）
⑤ 他社がまねできない技術を開発し新商品に盛り込む→研究開発・先端技術マネジメント

　　特に，他社にまねされないよう特許等で阻止する→特許・知財マネジメント

⑥ デザインなどの格好よさ，高級感など感性にアピールし，嗜好性の付加価値を高める→デザイン マネジメント
⑦ 企業全体のブランド価値を高める→ブランド マネジメント

などがあろう．①の「利益なき繁忙」では能がないが，現実にはこれが多いのではないか．①以外はいずれも容易ではない．③の新商品を確実にヒットさせることができれば苦労しない，と言われそうだ．

しかし，新商品を確実にヒットさせる「新商品開発マネジメント」の必要性と重要性は論をまたない．消費の二極化が起こっているし，企業も勝ち組と負け組に二極化が進んでいる．新商品も大ヒットかヒットしないかのいずれかという現象が明確になりつつあるので，なおさらである．

ヒット商品を生んだという結果（アウトプット）は，経営資源（人，モノ，金，情報・ノウハウ）を最大限に活用して経済的な価値を創造したということであり，短期的には利益が増え株価が上がる．さらに知名度も上がることとあいまって，企業のブランド価値も向上する．また，ヒット商品を出すことができたという経過（プロセス）は，顧客の潜在的なニーズを的確に把握し，今までなかった新商品を開発し新市場を開拓したということであり，長期的には商品開発力がつき，企業の将来を切り拓く．

世間でいうヒット商品の多くには，必ずといっていいほど「思いがけずヒットした」という話が聞かれる．ヒットするかどうか分からなかったということは，この次もヒットさせようとしても，ヒットするかどうか分からないことになる．そうすると「運が良かった」ということになる．ヒットするには「運」の要素があることは否定できない．しかし，運だけであるならば，社長が資本金全部を持ってラスベガスに行き，ルーレット賭博をやればよいということになる．

ヒット商品開発でよく聞かれる言葉は他にも多い．

・「たまたま良いアイデアが夜中にひらめいた」→皆で寝ていれば，またひらめいてヒットするの？
・「試行錯誤の連続だった」→これまでも，そしてこれからも試行錯誤なのですね？
・「要するにKKD（経験と勘と度胸）だった」→これまでも，そしてこれからもKKDなのですね？
・「開発担当者ごとにやり方が違って属人的だ」→ヒット商品開発の法則や方法論はないのですね？
・「あの人がつくるとヒットするという名人がいる」→凡人にはヒット商品はつくれないのですね？また，明日の名人は育てられないのですね？
・「商品開発取り組んで苦節10年，やっとヒット商品が出た」→10年の歳月と失敗を経ないとヒット商品はできないのですね？
・「過ってこぼした薬品をもったいないといって測定して画期的な蛋白質分析方法を発見したノーベル賞サラリーマン田中耕一氏を見習って画期的なものを開発しろ」

→わざと過ちを犯したり，わざとこぼしたり，もったいながっていれば皆がノーベル賞級の発明や発見ができるのですね？

いかがであろうか．

マネジメントの世界的権威であるピーター・ドラッカー (Peter Drucker) 教授は，「マーケティングのねらいは販売 (セリング) を不要なものにしてしまうことである」と言った．これは，顧客というものをよく知って理解し，商品が顧客にぴったりと合って，押し込み販売をしなくてもひとりでに「売れてしまう」ようにするのがマーケティングのねらいだということである．まさに「戦わずして勝つ」戦略といえる．

そうだとすれば，新商品開発は運まかせや成り行きや行き当たりばったりではなく，マネジメントの対象であり，マネジメントが可能であり，マネジメントする必要がある．

1.6 新商品開発マネジメントの研究課題－必然的ヒットをねらえ

さて，前節では，新商品を確実にヒットさせるのが狭義の新商品開発マネジメントであるとしたが，広義には新商品開発にかかわるすべてのことのマネジメントである．

新商品・新事業開発マネジメント研究の目的は，複雑化・多様化する市場環境における新商品・新事業開発のマネジメントのあり方について，マーケティング，デザイン，統計解析，心理学，経営工学，人間工学，システム工学，管理会計などを融合させて学際的に取り組むことである．

ヒット商品開発において「ヒットするべくヒットした」，「思ったとおりヒットした」，「商品開発がスムーズに進行した」，「商品開発がシステマチックに進行した」，「初めて商品開発を行った商品がヒットした」などの言葉は滅多に聞かれない．しかし，「あの人がリーダーだったから，うまく行った」ということはよく聞かれる．

そこで，本書第2章では特に，

① 偶然や運任せではなく必然的にヒットする新商品・新事業を科学的に開発するための法則や方法論
② 新商品・新事業開発のプロジェクトマネジャーやプロダクトマネジャーに要求される役割と知識，資質と能力

について研究やサーベイを行うことにより，マネジメントのあり方について検討する．

具体的には，自動車のように開発期間も長く部品点数も関係者も多い高価な商品の開発，これとは対照的にお茶やお菓子のように比較的単純で安価な商品の開発，ルイ・ヴィトンやエルメスなどデザインや感性が重要な高級ブランドや高級ブランド品のマネジメント，環境対応商品や廃棄物ビジネスを含む環境ビジネスなど，広い範囲を取り上げる．

このとき，ヒット商品にはもっともらしい後講釈や，美談，逸話や伝説がつきものであるし，「嬉しい誤算」や「なぜか消費者の感性に合った」で済まされることも多い．だから失敗に学べ，という意見も出てくるが，失敗事例は企業が出したがらないので困難をともなう．さらに，前述した社長表彰の小話のように，ヒットするときは総合力であるが，失敗するときは「蟻の一穴」のように少数の要因で失敗することが多い．したがって，事例では，人気TV番組「プロジェクトX」風のドラマではなく，ヒットする要素を作り込むプロセスや方法・法則に重点を置く必要がある．そのためにも，開発担当者へのヒアリングや生の言葉を重視することになる．本書はこのような観点から企画・執筆されている．

1.7 ヒット商品開発には法則

どうすれば，インパクトのある商品がつくれるのか．「なぜか売れた」は通用しない．「やってみなきゃ分からない」というのも科学的ではない．ヒット商品の開発のケースには法則ないし共通点がある．それは，開発担当者に思い入れがあること，採算性や生産効率が下がったとしても「ここだけは譲れない」という一線を守ること．そして，それらの想いが「思い込み」ではなく，データなどの論理的な根拠に支えられていることである．

好景気で，失敗も許されたバブル期までは，直感やセンスに頼る文系的アプローチでも勝負できた．デフレの今は，確実に消費者の感性に訴えるモノづくりが求められる．そこに文理融合的アプローチは欠かせない．マネジメントやマーケティング感覚を持った技術者を養成するMOTは，その意味でも重要である．

「好みの統計学」とも呼ばれる官能評価の手法や，消費者の本音をさぐる「コン

ジョイント分析」には，統計学や数学の知識が必要である．文系・事務系は，社会の雰囲気など大局を見るのは得意だが，数字には弱い．データを積み上げ分析するのが得意で，もともと技術に強い理系・技術系がMOTで二刀流になることで，好みに合ったモノづくりの可能性は，さらに広がるであろう．

1.8 戦わずして勝つ

ビジネスは戦争によくたとえられる．だとすれば当然勝たなければならない．そこで，筆者はマーケティング＝「市場における兵法」としている．

『孫子の兵法』では，百戦百勝の極意として，「彼ヲ知リ己レヲ知レバ，百戦シテ殆ウカラズ［謀攻編］－敵を知り，己を知るならば，絶対に敗れる気づかいはない」とされている．ところが，その前の箇所には，「百戦百勝ハ善ノ善ナルモノニアラズ．戦ワズシテ人ノ兵ヲ屈スルハ善ノ善ナルモノナリ［謀攻編］－百回戦って百回勝ったとしても，最善の策とはいえない．戦わないで敵を降伏させることこそが，最善の策なのである」と書いてある．

したがって，本来は「戦わずして勝つ」である．百戦百勝ではまだまだで，戦わないで勝つことがベストだとすれば，武力の行使よりも戦略や創造と分析が重視されることになる．つまり，頭脳で戦うのである．この「戦わずして勝つ」とは，ビジネスでいえば，競合他社と一戦を交えなくても，つまり強いて売ろうとしなくても他社製品をはねのけて売れるようにすることであろう．要は企画力で勝負するのである．

ヒット商品開発のケースには，商品の大小や価格の高低はあるものの，共通した特徴や法則があるように思われる．前述の『孫子の兵法』の名言とあわせて考えると，以下のようになる．

① 「勝兵ハ先ズ勝チテ而ル後ニ戦イヲ求メ，敗兵ハ先ズ戦イテ而ル後ニ勝チヲ求ム［軍形編］－あらかじめ勝利する態勢をととのえてから戦う者が勝利を収め，戦いをはじめてからあわてて勝機をつかもうとする者は敗北に追いやられる」…企画段階でヒットする要因がつくり込まれて，ヒットするべくしてヒットしている．

② 「攻メテ必ズ取ルハ，ソノ守ラザル所ヲ攻ムレバナリ［虚実編］－攻撃して必ず成功するのは，敵の守っていないところを攻めるからである」…競合や強豪が提

供している価値とは別の価値を提供してヒットしている．

③　「我ハ専ニシテ一トナリ，敵ハ分カレテ十トナレバ，コレ十ヲ以ッテソノ一ヲ攻ムルナリ[虚実編]」－こちらがかりに一つに集中し，敵が十に分散したとする．それなら，十の力で一の力を相手にすることになる」…商品の魅力や企画の重点が「あれもこれも」と総花的になりがちであるが，すべては満たされないので「これだけは譲れない」ところと「今回はあきらめる」ところの「選択と集中」が明確である．

④　「必死ハ殺サルベキナリ，必生ハ虜ニサルベキナリ[九変編]－(危険の)その一は，いたずらに必死になることである．これでは，討死をとげるのがおちだ．その二は，なんとか助かろうとあがくことである．これでは，捕虜になるのがおちだ」…そこそこの商品ではなく，とびきり良い商品をつくりたいという熱い想いがそれぞれに感じられる．しかし，なんとかヒットさせようと必死になってとらわれると，全体が見えなくなってしまい，思い入れが思い込みになって空回りしてしまう．開発リーダーに望まれるのは総合判断力であり，バランス感覚である．熱い想いと冷静な判断，創造しつつ分析し，分析しつつ創造する．右脳と左脳，感性と理性の両方に長けて，しかもバランスがとれている．

1.9　本書で紹介する「生きたMOT事例」

　ここでは，本書第2章以降で紹介する「生きたMOT事例」について，簡単に解説をする．いわば予告編であり，詳細については各章を精読いただきたい．

1.9.1　NTTドコモのiモード開発

　第2章では，株式会社NTTドコモ(以下，NTTドコモ)のiモードの商品開発プロセスとプロジェクトマネジメントをケースとして取り上げている．

　インターネットを多くの人・企業が活用するようになり，その影響領域・事業範囲を拡大できるかに見えた情報通信事業者であるが，一部事業者・事業部を除き，そのほとんどは苦戦を強いられている．回線交換機・基幹回線・アクセス回線・電話機までのすべてを情報通信事業者が垂直統合・提供していた電話の世界・時代とは異なり，インターネットの世界は，コンテンツ，ゲートウェイ・サーバー，ネットワー

ク，クライアントなどの各領域から成り立っており，この中で情報通信事業者が支配・提供できている領域はネットワークの一部に過ぎなくなっているためである．

このような情報通信業界であるが，元気の良い企業，事業部もある．NTT ドコモに代表される移動体通信事業者である．そこで第 2 章では，マーケットリーダーである NTT ドコモの大ヒットサービス「i モード」の商品開発を事例として取り上げ，i モード開発の責任者であった NTT ドコモ i モード事業本部　榎啓一常務(松永真理著『i モード事件』の 1 ページ目から登場する人物)の言葉を交えながら，商品開発プロセスとプロジェクトマネジメントの観点より成功のポイントについて考察している．

i モードのビジネスモデルおよび成功要因は，コンテンツ，ゲートウェイ・サーバー，ネットワーク，クライアントといったインターネット世界を形成する各領域における提供プレーヤーを，NTT ドコモの提供する広義の i モードプラットフォームの上に集合させ，NTT ドコモを核とした，モバイル・インターネット・ビジネスにおける一連のバリューチェーンを構築，ユーザとの間にポジティブフィードバックサイクルを築いているところにある．それまで個々に存在していた技術，サービス，プレイヤーを連携，融合させることにより，新たなサービス，市場を開拓，拡大した i モードは，技術などをいかに組み合わせてマーケットドライブさせるかを追及する「技術経営(MOT)」の好例と言えるだろう．

このようなバリューチェーンおよびポジティブフィードバックサイクルの構築に成功した最大の要因は，プロジェクト・マネジャーであった榎常務の努力にあったと本章では推察しており，i モード開発・事業化において榎常務の両腕であった松永真理氏，夏野剛氏との出会い，活かし方など，徹底的に人にもこだわった榎常務の「生きた」プロジェクトマネジメント手法についても解説している．

1.9.2　富士写真フイルムのデジタルカメラ事業

第 3 章では，富士写真フイルム株式会社(以下，富士写真フイルム)のデジタルカメラ FinePix700 の成功要因と同社の競争優位性を探っている．

富士写真フイルムのデジタルカメラは，1998 年以来国内における売上トップシェアの座を守り続けている．第 3 章では，富士写真フイルム電子映像事業部岩部和記部長の講演内容を下敷きにして，一般消費者向けデジタルカメラの黎明期である 1998 年に市場での同社の地位を確立した FinePix700 にいたる開発経緯を，競合各

社の状況をからめながら紹介している．このなかで同社がいかにしてFinePix700の成功にいたったか岩部部長の関与を中心に技術経営の側面から考察している．また，新規事業としての側面から富士写真フイルムのデジタルカメラ事業の成功要因について検討を加え，同社の企業文化として根付く技術経営方針が大きく寄与したことを明らかにしている．

富士写真フイルムのデジタルカメラ事業に関して「生きた技術経営」には2つの側面がある．1つは製品開発リーダーとしての製品開発現場での技術経営であり，もう一つは企業経営者あるいは事業推進者としての事業成功をめざす技術経営である．

製品開発現場において，リーダーの岩部部長は売れる製品への頑固なまでの執着心を見せた．一方で，実働部隊である製品企画，デザイン，設計担当といった人へ示す熱意と暖かさは最終的に期限どおりに魅力ある製品完成に導き，そして大ヒット作を実現させた．開発現場においては，このようなリーダーの存在が不可欠である．彼らが見せる日常のリーダーシップが「生きた技術経営(MOT)」の実例であろう．

富士写真フイルムの経営者は，2つの重要な技術的経営判断をしている．80年代前半に決定した画像処理技術のデジタル化の実現方針とそのための電子技術者の積極的中途採用が1つである．2つ目は80年代後半のCCD内製化の方針決定に代表される，技術統合化の判断である．これらの判断はデジタルカメラ事業成功の10年以上前に行われたものであり，方針のぶれのなさによってその後の事業低迷期も乗り切ることができた．経営レベルにおける技術経営には，10年単位の時間軸が必要であることを理解した「生きた技術経営(MOT)」の好例であろう．

1.9.3 日産「X-TRAIL」の開発

第4章では，日産自動車株式会社(以下，日産)のSUV(Sports Utility Vehicle)である「X-TRAIL」(エクストレイル)の商品開発についてのレポートであり，顧客の目線を冷静にとらえた熱い想いに焦点を当てている．「X-TRAIL」はこれまでとまったく異なったアプローチから，ターゲットとする顧客層にとって使い勝手のいいリーズナブルな本格4駆として開発され，2000年の発売以来高い評判を維持している．

「X-TRAIL」の企画はルノーとの提携以前にスタートしたが，当時の体制下でこのような斬新な商品開発が可能であった要因はなにか．またカルロス・ゴーンのCOO就任後「日産リバイバル・プラン(NRP)」により商品開発体制は大幅に変更されたに

もかかわらず,「X-TRAIL」が好調を維持している理由はなにか．これらの問いに対し，実際にその開発に携わった清水主管，戸井CPSへのヒアリングから，その成功要因を明らかにしている．

本章では「X-TRAIL」成功のポイントとして，以下の6つをあげている．

① 「お客様の立場に立つ」という基本に戻って世界各地で実際に顧客の声を聞いて歩き，その生の声を生かして，顧客の心に響くような商品開発を心がけ実行したこと．
② 日産・ルノーの業務という歴史的転換点を，商品を世に送り出したいという開発チームの「熱い想い」で乗り越えたこと．
③ 専門分野以外の活動や経験を通じ，多様な意識・知識をもった開発担当者が存在したこと．
④ 収益の源泉は顧客ニーズにあり，したがってマーケティングが重要であることを理解して商品開発に臨んだこと．
⑤ 不確実性の高い商品開発において，プロジェクトのスタート当初より「商品企画七つ道具」を開発ツールとして有効に活用したこと．
⑥ 商品のブランド・アイデンティティーを明確にし，その実践のためにターゲットを定め割り切ったコンセプトの商品に仕上げて提供したこと．

これらの成功要因はどれも非常にオーソドックスで，開発の現場では常識とさえいえるものであろう．しかし「X-TRAIL」の開発陣は，基本に立ち返り1つひとつ実行していったのである．そしてこのような積み重ねの先に，近年の同社の復活がある．「生きた技術経営」とは何かを考えるうえで多くの示唆に富んでいる．

1.9.4 ワコールの婦人下着開発

第5章では，婦人用下着のトップメーカーである株式会社ワコール(以下，ワコール)の人間科学研究所を中心とした商品開発をケースとして取り上げている．

近年，日本の婦人用下着業界は，輸入商品の台頭や低価格戦略を打ち出す婦人用下着メーカーの出現により，競争が激化している．そのような厳しい婦人用下着市場において，価格競争に陥ることもなく，市場において2位以下を大きく引き離す約25%のシェアの確保を可能にしているのが，ワコールで実践されている技術経営であり，その中心となっているのが人間科学研究所である．

人間科学研究所は，他社にはない商品を科学的なアプローチで開発すべく，昭和39(1964)年に設置された．そこでは，初代塚本幸一社長の精神であり，ワコールの目標である「世の女性に美しくなってもらうことによって，ひろく社会に寄与することこそ，わが社の理想であり目標であります」を実践すべく，「こころ」と「からだ」の観点から日本人の「ボディ」を研究している．この研究成果は，商品開発に応用されるだけではなく，商品の販売員にまで伝えられ，顧客が最適な商品を選ぶためのアドバイスとしても使用されている．このような開発から販売までの流れの中で，ワコールは，顧客の信頼を獲得し，カスタマー・インティマシーを構築することで，技術経営を実践している．

そこで，第5章では，同社執行役員・人間科学研究所所長である篠崎彰大氏とワコールの近年における代表的ヒット商品"シャキッとブラ"の商品開発リーダーである小山真氏へのヒアリングを通して，ワコールにおける商品開発プロセスを系統的に分析し，研究開発担当者に受け継がれる商品開発に対する精神とワコール社の技術経営のあり方について考察している．

ワコールでは，「他社にはない商品開発」という初代塚本幸一社長の商品開発に対する熱い想いが代々社員一人一人に引き継がれ続けており，この想いがワコールの技術経営を可能にしている．この点からワコールは，"生きた技術経営"の良い事例といえる．さらに，現在，ワコールでは，従来の"開発→販売→顧客→開発"という流れの商品開発を中心とした技術経営から，社内のクロスファンクショナルな情報のやり取りのある，より深い技術経営へとさらに進化させようとしている．その点からも「生きた技術経営(MOT)」の良い事例である．

1.9.5 キタックの環境ビジネス

第6章では，新潟を中心とした東日本における地域密着型企業の株式会社キタック(以下，キタック)にフォーカスし，新事業開発として環境ビジネスへ進出しているケースを取り上げている．

キタックは，昭和48(1973)年に当時，新潟県庁の技術職員であった，中山輝也社長(以下，中山社長)がベンチャーならぬ「脱サラ」によって創業した総合建設コンサルタント企業であり，地質調査や各種調査設計を主要事業としている．

これまでキタックは，いわゆる高度成長期からバブル崩壊まで順調に成長を遂げて

きた．しかし，昨今の公共事業縮減という時代の潮流にあって，事業環境の大きな変化に対応する必要に迫られている．そのような状況で中山社長は，土壌・地下水汚染アセスメントを中心とする環境ビジネスへと進出し，第二創業に乗り出している．

この点，総合建設コンサルタント事業と環境ビジネスとは何らの共通点を持たず，闇雲に新事業開発を進めているという印象を持つ読者もあるかもしれない．しかし，中山社長は，公共事業縮減の一方で高まる環境への意識を感じ取り（天の時），環境ビジネスが従前の地質調査と同様に地域密着型のビジネスであることを認識し（地の利），市場を創造しながらの事業を展開する（人の和）など，きわめてロジカルに環境ビジネスを推進している．

そして，中山社長は「技術，市場，人」という3条件を述べている．中山社長はもともと地質の技術者であるが，技術だけにとどまらず，それ以外の要素もバランスよく考慮し，経営を行っている．その点で，中山社長は「技術のわかる経営者」であり，「経営のわかる技術者」と評価できる．

この第6章は，新事業である環境ビジネスが現在進行形であるという点で「生きた」事例といえるし，また，環境ビジネスへの第二創業のリーディングケースという点で「生きた」教訓を与えてくれる事例でもある．その意味で本ケースは，「生きた技術経営（MOT）」の好例といえるだろう．

1.9.6　アース デザイン インターナショナルの廃棄物ベンチャービジネス

第7章では，廃棄物処理追跡システムのビジネスモデル特許を武器としてITベンチャー大賞などを受賞しているアース デザイン インターナショナル株式会社（以下，EDI）をケースとして取り上げている．

日本における廃棄物問題は難問が山積している．なかでも，産業廃棄物の不法投棄の増加によって，引き起こされた廃棄物汚染は市民生活に重大な被害を及ぼし，社会問題化している．国も地方自治体も解決に向けて，厳しい処罰をともなう法改正，警察の取り締まり強化の要請などの政策をうちだしているが，相次ぐ不法投棄の現実に苦慮している．EDIの塚本英樹社長はGPS，デジカメ，携帯，WEBを活用し，産業廃棄物の収集，運搬，中間処理，最終処分の全工程をデジタル画像として，記録，保管，検索可能な廃棄物処理追跡システムを完成した．これにより，市民の安心，排出元の安全管理，廃物処理業のレベルアップが測られることになった．また，この事業

のコアコンピタンスであるビジネスモデルの特許についても，さらに，この事業を起こした起業家，塚本社長にも詳しく「熱い想い」に迫った．さらに，EDIの創業時に最大の難関であった資金調達の「死の谷」の検証に詳細に迫った．事業はどんなに高い志があろうとも，経営の結果責任を負うことなる．利益責任と資金調達は創業社長の最重要経営課題といえる．ここの資金調達の成功は多くのベンチャー企業に大いに参考に資すると言える．

EDIが現在，成功の階段を上っているのは，塚本社長の運の良さだけであったのであろうか．たしかに，事業をサポートした社外の多くの人との出会いはEDIにとって幸運であったと言える．しかしながらこの幸運を真に生かし，事業の成功に結びつけることが「生きた技術経営(MOT)」と言える．具体的には，ビジネスのモデルはEDIにおいては事業への想いを形にすることに留まらず，ビジネスモデルの特許として，国内，国際的な高いオリジナリティと競争障壁を構築できたのである．さらに，EDIおよび多くのベンチャー企業の最難関問題である，資金調達を「熱い想いとビジネスモデル」により克服して安定していく過程は，まさに，「生きた技術経営(MOT)」として，臨場感のある「アントレプレナー」という示唆を多くの方に与えるであろう．

以上の各章の事例はもちろん独立しており，どこからでも読めるが，通して読破すれば「生きた技術経営(MOT)」の存在と手応えを実感していただけるであろう．

なお，各章の最後に「これについて考えてみよう!!　ディスカッションテーマ案」を列記しておいた．読者の皆さまのさらなる研究やビジネススクールにおけるクラス討論テーマ，また試験・レポート問題(編者は実際に数問出題している)の参考にしていただきたい．

〈参考文献〉

[1]　長沢伸也：『おはなしマーケティング』，日本規格協会，1998年．
[2]　守屋洋：『孫子の兵法』，産業能率大学出版部，1979年，および三笠書房，1984年．

[3]　長沢伸也・川栄聡史:『キリン「生茶」・明治製菓「フラン」の商品戦略－大ヒット商品誕生までのこだわり－』,日本出版サービス,2003年.

[4]　長沢伸也・木野龍太郎:『日産らしさ,ホンダらしさ－製品開発を担うプロダクト・マネジャーたち－』,同友館,2004年.

[5]　吉川智教:「経営革新入門・MOTの必要性と諸概念第1回　21世紀に求められる新製品開発の必要性」,『週刊東洋経済』,9/20号,pp.138-139,東洋経済新報社,2003年.

[6]　長沢伸也:「経営革新入門・MOTの必要性と諸概念第3回　新商品開発マネジメントとは－ヒット商品から探る論理・統計的な発想－」,『週刊東洋経済』,10/4号,pp.138-139,東洋経済新報社,2003年.

[7]　長沢伸也:「ヒット商品を生む新商品開発マネジメントの必要性」,『早稲田学報』,第58巻第2号,pp.8-14,早稲田大学校友会,2004年.

[8]　長沢伸也:入門MOT第7回「新商品開発マネジメントの必要性」,日刊工業新聞,2004年4月23日付34面,日刊工業新聞社.

第2章 NTTドコモのiモード開発
－商品開発プロセスとプロジェクトマネジメント－

※本章は，2003年12月5日に早稲田大学大学院アジア太平洋研究科における長沢伸也教授の講義「新商品・事業開発方法論」にて，㈱NTTドコモiモード事業本部の榎啓一常務が講演された内容をもとに，筆者が分析・考察などを加えたものである．

2.1 はじめに

　今や1人1台は保有・利用するようになり腕時計以上に身近なものとなった携帯電話．その携帯電話からインターネット接続を可能とすることにより，新たな巨大市場を開拓したのがNTTドコモの「iモード」（カバーカラー写真上段左列および上掲写真）である．本章では，このiモードの開発責任者であり，『iモード事件』の著者として有名な松永真理氏をNTTドコモにスカウトした人物でもある，NTTドコモiモード事業本部の榎啓一常務取締役（当時 NTTドコモ ゲートウェイビジネス部長）の言葉を交えながら，その商品開発プロセス・成功のポイントについて確認したい．

　「iモード」の大ヒットについての興味深いことの1つとして，NTTグループが開発・提供したサービスであることが挙げられる．なぜNTTグループが開発・提供したことが興味深いかについては，iモード開発責任者であった榎常務の言葉を拝借すると，

「ドコモは，前身がNTT（日本電信電話株式会社），その前は電電公社，その前は電気通信省，戦前は逓信省で，要は役人官僚的な企業であると世間的には思われており，企業の再成長や再生を願う日本の大手企業のほとんどが，あのNTTにできたのだから，うちの会社にできない訳はないと絶対に思っている．うちの会社は電電公社，NTTほどひどくない．もうちょっと自由であると．ソニーやホンダがやったのなら諦めもつくが…」

といったところである．つまり，保守的と言われていたNTTのカルチャーの中で，なぜ，どのようにして「iモード」という商品サービスが誕生し，大成功を収めるにいたったのか．そのあたりについても本章の中にて確認できればと思う．

2.2 市場環境と商品開発決定のプロセス

図表2-1に，1990年からの日本における携帯電話加入者数および加入率を示す．1994～5年より加入者数が急激に伸び始め，2002年では8000万人に迫ろうとし

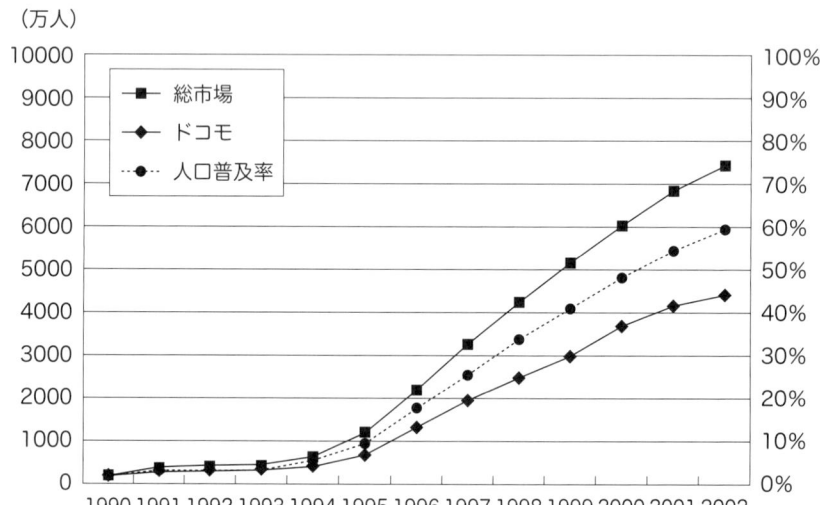

図表2-1 携帯電話市場の急激な伸びと飽和

（出典）　NTTドコモ榎常務 早稲田ビジネススクール講演(2003.12.5)資料より作成．

ている．日本の総人口が約1億3000万人，固定電話加入が約6000万程度であることを考えると，携帯電話市場についても飽和状況に近いことが確認できる．

榎部長（当時）が大星公二NTTドコモ社長（当時）より「携帯電話単体で行うモバイル・マルチメディア事業を立ち上げよ」と後のiモード開発の指示を受けたのは1997年1月8日のことであった．

図表2-1からも分かるように，1996，7年当時は黙っていても携帯電話市場（携帯による通話）は拡大し続け，今後4，5年間は利益が得られる状態にあった．しかしながら，大星社長はそのような状況下においても危機感を抱き，次の一手を考えていた．その理由は大星社長の経歴より確認することができる．

大星社長は，NTTドコモに転籍する以前はNTT（日本電信電話株式会社）において常務取締役，経営企画本部長であった．NTTにおける当時最大の課題は固定電話市場の飽和と，DDI（現KDDI）・日本テレコムなど，競合会社との競争激化であり，激しい料金の値下げ競争により，売上も収益も上げられないという厳しい環境下にあった．かくして，コスト削減により利益確保が当然選択される戦略の一手となり，大星社長の指揮のもと，人員合理化によるコスト削減計画が立案された．具体的には，50歳以上の社員は一度NTTを退職し，子会社に最大給与3割減にて再雇用するというものであった（1999年のNTT再編成後，NTT東西事業会社にて同施策は実施される）．そのためNTTドコモに移り，携帯電話市場が拡大する中にあっても，大星社長は『現状に浮かれてはいけない．同じ電話なので絶対に飽和する．飽和した時にどうやって飯を食うか．音声以外の収益が必要だ』と考えていたのである．つまり，いずれ携帯電話における音声の市場も固定電話同様に飽和して価格競争に陥ることを早期に予見し，この課題に対する対策・布石を早めに打とうとしたわけである．iモード開発のトリガーとしては，このような先見の明があった優秀なトップの存在を確認することができる．

榎部長も大星社長のこのような考え方と，iモード開発の指示について，「このように良い社長が会社にいたことが幸いでした」と述べている．また，榎部長はトップに必要な資質について冗談を交えながら以下のように述べている．

「江本さん（江本孟紀，元野球選手，元国会議員）っていらっしゃいますが，確かあの人は阪神のピッチャーでしたが，ベンチがアホやから野球がでけへんと

言って，阪神を辞めて参議院議員になられました．会社もそうだと思うのです．会社の調子が悪くなるのは社長や取り巻きのスタッフがアホやからですね．現在は時代の変わり目ですので，400年前の戦国時代と同じで，経営者の能力がものすごく問われていると思うのです．大星元社長は普段はめちゃくちゃで，言い出したら聞かないところがありましたが，節目節目の時には立派な判断をしたと思っています」

かくして，大星社長は将来の携帯電話市場の飽和を予測し，コンサルティング会社（マッキンゼー）に対策案の作成・提案を依頼する．そして，この依頼を受けてマッキンゼーが提出したレポートの中に「音声の外側でデータ通信の収益を得るというモデル」という提案があり，これだと感じた大星社長は，早速，榎部長に開発・事業化を指示した．

2.3 プロジェクト始動

2.3.1 0.5人からのスタート

1997年1月，大星NTTドコモ社長（当時）よりの指示を受け，新事業のプロジェクトをスタートさせることになった榎部長であったが，スタート当時は部下もなく，まずはプロジェクトチームのメンバーを招集することが必要であった．この時の状況について榎部長は以下のように述べている．

> 「プロジェクトチームが発足といっても，当初は，私が0.5人で始めました．私には法人営業部長という本職がありましたので，その片手間でデータ通信収益モデルの開発・事業化を行えと言われたのです」

メンバーが居ないのであれば，社内から開発・事業化に必要なメンバーや人数を集めればという話になるが，そこには当時のNTTグループ特有の大きな問題点があった．それはiモードの開発・事業化に必要なクリエイターがNTTグループにはいないという事実であった．NTTグループには連結ベースで20万人を超える人員がいるが，榎部長が求めるクリエイターがいなかったのである．そこで，榎部長は外部より必要な人材を調達することを考えた．

ちなみに，当時の NTT グループにおいて，外部から人材を調達するということは非常に珍しいことであり，それゆえ，非常に労力を必要とすることであった．しかしながら，榎部長は必要な人材の獲得・確保こそが今回のプロジェクトにおける成功の可否を握ると考え，大星社長に直接掛け合い，外部からの調達の許可を得ることとした．結果，榎部長は大星社長より人材調達の了解を得るのであるが，前述したように NTT では珍しい外部からの人材調達の実施にこぎつけることができた要因・背景について，榎部長は次のように述べている．

「NTT ドコモは今でこそ大きな会社ですが，7 年ほど前（1997 年当時）はまだ小さく，本社組織というのも小さくて，意思疎通が結構うまくいくような会社でした．それはドコモが賢いというよりは時代の成せる技だと思います．どういうことかと申しますと，市場が立ち上がるということは，例えば，設備投資，商品開発，セールス，保守などの仕事はどんどん増えるわけです．お客さんが増えますから．その一方，会社の組織というのはなかなか増えないわけです．組織が仕事の量に追いつかないのです．となると結果的に権限委譲されるわけです．権限委譲しないと仕事が回らないわけですから．小姑が少なかったのです．今は多くて大変ですが．ですので，小姑が少なかったということもあり，社長の言質を取って，すぐ総務部長，人事部長の所に行き，『社長が言っていますから，人を採ってきますよ』と言うことができました．大星社長はワンマン社長だったので，だいたい社長が『うん』と言えば収まりました．ということで，まずは人集めを始めました．」

このような，外部より必要な人材を調達するという当時の NTT では珍しい榎部長の発想，そしてキーパーソンである社長への直訴，了承の取り付けといった戦略，実行力が，i モード成功の大きな第一歩となったことが確認できる．

2.3.2 意思決定背景の分析

ところで，榎部長はなぜ，このような開発事業化案件を引き受ける気になったのであろうか．今でこそ i モードは誰もが知る大ヒット商品であるが，当時はまだ海のものとも山のものとも分からず，多くの人がその成功を疑問視していた状況であった．そのような環境下にありながら，榎部長を i モード開発へと決断させたものは何だっ

たのだろうか．

　榎部長は，早稲田大学大学院修士課程(電気工学)卒業後，日本電信電話公社(現NTT)に入社，国土庁出向，NTT九州総支社地域INS営業部長等を経て，1992年，NTT移動通信網株式会社(現NTTドコモ)設立と同時に同社に移籍，栃木支店長，法人営業部長等を勤め，1997年，ゲートウェイビジネス部(後のiモード事業本部)部長に就任している．

　上記の職歴を拝見すると，一見，順風満帆なエリートサラリーマン人生のように見えるが，NTTドコモに移籍した当時，多少の逆境があったと推察できる．それは，NTTドコモは今でこそ名実ともに一流の大企業であるが，NTTより分割された当時は知名度も低く，加入者も少なく，NTTドコモ(当時：NTT移動通信網株式会社)へ転籍・出向となった社員の多くにはNTT本体より左遷されたという疎外感，失望感があったと言われているためである．しかしながら，携帯電話の急速な普及とともに，NTTドコモおよびその社員は一躍有名優良大企業，また注目されるエリート会社員への道へと押し上げられ，駆け上がることとなる．このような逆境およびその後一気に復活した経験により，榎部長は大波のタイミングを肌で感じとる力を身につけていたのではないだろうか．そしてこのような能力が，iモードに秘められた大きなビジネスチャンスを見抜き，開発事業化を引き受ける意思決定につながったのではないかと推測する．

2.3.3　松永真理さんとの出会いとプロジェクト参加

　さて，人材・資金の調達について社長の了承を得た榎部長はすぐさま人材の招集に取り掛かった．なお，iモードを構成する要素・パーツは大きく分類すると図表2-2にも示すように，コンテンツ，インターネット接続するためのゲートウェイ・サーバー(メールサーバー，ウェブ・サーバー，顧客管理サーバーなど)，パケット網などのネットワーク，そして携帯電話機など(端末，各種アプリケーションなど)があるが，当時これらのiモードに必要な構成要素のうち，NTTドコモにノウハウがあったものは，ネットワークと携帯電話機(ブラウザ除く)のみであった．そこで，残りのNTTドコモがノウハウを保有していない構成要素・領域については，外部より専門家を招集する必要があった．たとえば，ゲートウェイ・サーバーについては，NECに依頼し，川端正樹氏というエンジニアを派遣してもらい責任者に据え，またその配

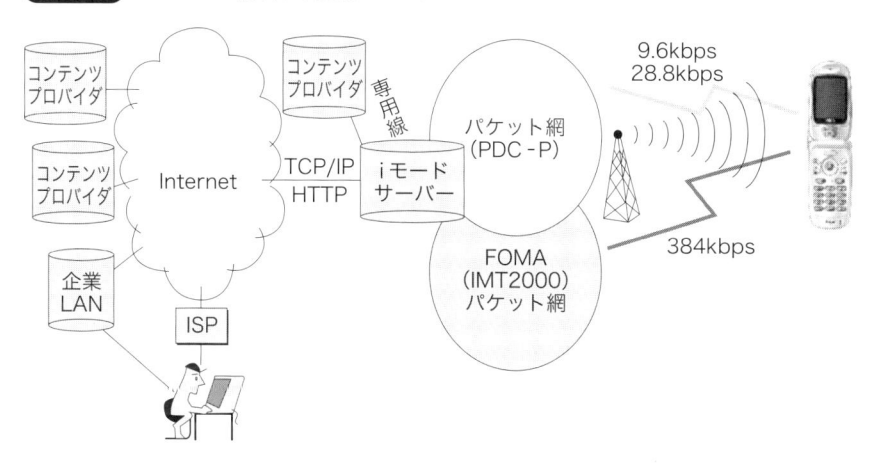

図表 2-2 iモードを構成する要素・パーツ

```
コンテンツ
プロバイダ                              9.6kbps
                コンテンツ             28.8kbps
                プロバイダ
コンテンツ          専
プロバイダ          用   パケット網
                線   (PDC-P)
       Internet  TCP/IP  iモード
                  HTTP   サーバー
                                       384kbps
企業                   FOMA
LAN                 (IMT2000)
         ISP         パケット網
```

（出典） NTTドコモ榎常務 早稲田ビジネススクール講演(2003.12.5)資料より作成．

下の人員については半数以上を中途採用している．

この時，コンテンツ領域の専門家として社外より招集したのが，松永真理氏（当時リクルート社編集長，現 株式会社バンダイ取締役）であった．その時の経緯・状況について，榎部長は下記のように述べている．

> 「コンテンツに至ってはなおさら分からない．電電公社では誰も経験がない，過去に成功していないということでしたので，松永真理さんを採ってきたわけです．松永真理さんを採るにあたってどうやって採ったかと言いますと，私は自分の能力はそんなにあるほうではないと思うのですが，結構平気で知らないことを人に聞きますし，人にすぐに頼んでしまうところがありますので，そういうところが良かったのだと思います．しかしながら，元々は電電公社出身の人間ですから，コンテンツ屋さんなんかは付き合いがないです．そこで，橋本雅史さんという熊本の印刷会社（印刷協業組合サンカラー）の社長さん（現在は，熊本阪神百貨店副社長も兼任）に紹介を頼みました」

なぜ，榎部長はコンテンツ領域の専門家の紹介を熊本の印刷会社の社長に依頼したのか，その理由について橋本社長の人物像に触れながら，榎部長は次のように解説している．

「サンカラーは20年間増収増益の会社です．橋本さんは印刷会社の社長ですが，橋本さんが印刷した選挙ポスターはすべて当選するのです．これは有名な話です．なぜかと言いますと，落選する人の印刷物は受けないのです．なぜそういうことができるかと言いますと，熊本くらいですと人口は200万くらいなのですが，トップセールスをしているのです．橋本さんは24時間365日熊本県内をずっと回っている内に，誰が次の衆議院選挙に出る，知事選挙に出る，村会議員に出るというのは大体分かるわけです．そして誰が当選するのかと読み，選挙の始まる前には彼はすでに結果を読み切っているわけです．落選した議員ほどひどいお客はないそうです．お金がないですからね，当選する人は値切らないそうです(笑)．それから，今では印刷屋さんでは普通となっていますが20年前までは，凸版印刷さんや大日本印刷さんのような大手は別ですが，普通の印刷屋さんは印刷をするだけだったのです．橋本さんはその時代に前工程をやっていたのです．デザイナーを雇い，例えば，会社のアニバーサリーや会社案内とかを，このようなデザイン，こういうコンセプトでどうですか，という提案型営業を行い，そこから印刷を受注するという営業プロセスを彼は熊本で最初に始めたのです．そのうち，みんなが真似し始めたら，今度は後工程をやるわけです．そういう印刷物を保管して発送するのは大変でしょうから預かってあげますと，それを見聞きして，橋本さんは，マーケットとか商売にものすごく長けた人物だと私は思っていました」

橋本社長と出会った後，榎部長は難しい案件や，自分では理解できない案件が発生した際には橋本社長に相談することとした．橋本社長はその相談の都度，正解もしくは的確なヒントを榎部長に述べたため，榎部長は橋本社長を100%信頼していた．コンテンツの専門家が絶対必要となったこの時も，榎部長は橋本社長に電話を掛け，誰か適任者はいないか，紹介してほしいとお願いした．そして，橋本社長がこの時紹介した人物が松永真理氏(後のNTTドコモゲートウェイビジネス部担当部長，以下，松永担当部長とする)であった．いわゆる『iモード事件』の始まりである．なお，松永担当部長を橋本社長が榎部長に推薦した理由について，榎部長は次のように述べている．

「橋本社長の言によると，電電公社，NTT は男の社会だそうです．日本の企業は大体そうですね．そこへ男が行って成功すると，男の嫉妬ほど怖いものはないとのことでした．ビジネス上は女性の嫉妬より男の嫉妬のほうが怖いのです．そのため，紹介するのに男は駄目だろうということで女性候補が 3 人いた中から松永真理さんを選んだと言っていました．最後は運だと思うのですが，ちょうど良かったのは，彼女（松永担当部長）が『とらばーゆ』の編集長を辞めて，次の雑誌の編集を始めるまでのウエイティング状態にいたことです．そこにこの案件を持っていったため，松永真理さんは NTT ドコモを選択してくれたということです．『とらばーゆ』の編集長の真っ盛りでしたら，おそらく動いてはくれなかったと思います．そういう意味では非常に運が良かったということです」

榎部長は上記のように橋本社長を通じ，松永担当部長と運命的な出会いをするわけであるが，この出会いについては「運」という要素が多分にあったことは事実であろう．しかしながら，この 3 者の意気投合については，「天才は天才を知る」といった要素が大きかったと思われる．

2.3.4 夏野剛さんとの出会いとプロジェクト参加

かくして，コンテンツのプロとして NTT ドコモに 3 年間の契約にて入社した松永担当部長であったが，榎部長曰く，松永担当部長は右脳型の人間であったため，事業戦略，ビジネスモデルの検討などについてはまた別の人材を必要とした．そこで，松永担当部長が榎部長に適任であると紹介したのが，リクルートにおいて松永担当部長の下でアルバイトをしていた経験を持つ夏野剛氏（現 NTT ドコモ i モード企画部長）であった．以下，榎部長の言葉を交えながら，夏野剛氏のプロジェクト参加の様子について述べる．

「松永真理さんはいわゆる右脳型の方なので，システムとか，ビジネスモデルとかはあまり分からないのです．そこで彼女もそのことを心配したのでしょう．そこで，連れてきたのが夏野さんでした．松永真理さんが夏野さんをどうして知っていたかと言いますと，松永真理さんがリクルートにおいて『就職ジャーナル』の製作に取り組んでいた時に，早稲田大学 4 年生の夏野さんがアルバイトを

していたそうです．リクルートのアルバイトはものすごく辛いそうで，1年続く人はほとんどいないそうですが，夏野さんは1年間続けたそうです．その後も松永真理さんと夏野さんは定期的に連絡を取り合っており，私の話で松永真理さんがドコモに来てくれると決断した時に，ちょうどインターネットのビジネスをしていた夏野さんを引っ張り込もうと考えたそうです」

夏野剛氏は，早稲田大学政治経済学部卒業後，東京ガスに就職，東京ガス在職中にはペンシルバニア大学ウォートンスクール(MBA)に留学している．ここでインターネットの可能性を知った夏野剛氏はアメリカ留学から帰国後，東京ガスを退職し，ハイパーネットという当時一世を風靡したインターネット広告ビジネスで有名なベンチャー企業に参加，榎部長が夏野剛氏を知った当時はこのベンチャー企業の副社長をしていた．

そして，松永担当部長紹介のもと，榎部長は夏野剛氏と面会する．

「会った途端に松永真理さんに夏野さんをゲットしなければいけない，採らなければいけないと伝えました．聞いたら会社(ハイパーネット社)の状況が良くないとのこと，私は毎日のように松永真理さんにハイパーネットはいつ潰れるのだと聞いていました(笑)．自分のために欲しいわけですから．不幸というか幸いというか，会社が潰れて※うちに来てくれました．これも運だと思います」

筆者注)ハイパーネット社は1997年11月に倒産．夏野剛氏はその2カ月前に同社を退社している．

かくして，榎部長は松永担当部長に次いで，夏野担当部長という優秀な人材の獲得に成功する．榎部長が言うように，夏野担当部長との出会い，そのタイミングについては，運の要素は大きいと思われるが，夏野担当部長のプロジェクトへの参加の決断については，榎部長，松永担当部長の器量によるところが大きいと思われる．

2.3.5 寄せ集めの混成部隊

松永担当部長，夏野担当部長といった強力な右腕，左腕を得た榎部長は，社内公募などを活用して残りの必要な人材を集めた．図表2-3に1999年のiモードサービス開始時の社員構成を示す．なお，徴兵，志願兵などの呼称については榎部長が講

図表2-3 社員構成(1999年当時)

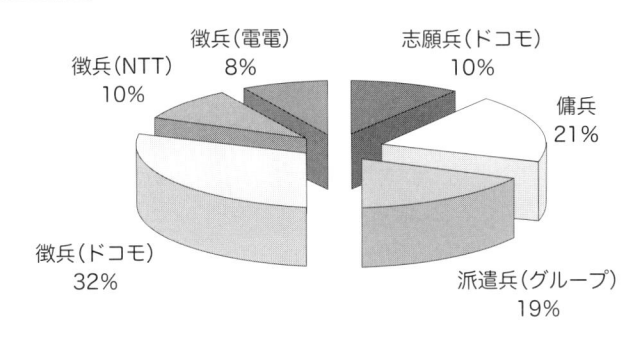

- 徴兵(電電) 8%
- 徴兵(NTT) 10%
- 志願兵(ドコモ) 10%
- 傭兵 21%
- 派遣兵(グループ) 19%
- 徴兵(ドコモ) 32%

(出典) NTTドコモ榎常務 早稲田ビジネススクール講演(2003.12.5)資料より作成.

演・解説された際の名称をそのまま引用したものである.

1999年当時,iモードサービスの開発に携わったメンバーは総勢50人程度であり,その内訳は,松永担当部長,夏野担当部長,川端担当部長およびサーバーエンジニアなど中途採用組10名(傭兵21%),社内公募にて補充した人材5人(志願兵10%),NTTドコモ北海道などのNTTドコモ地域会社より人事異動してきた人材9名(派遣兵19%),その他,NTTドコモ採用,NTT採用,電電公社採用の経歴を持ち,NTTドコモ内の人事異動にて転属してきた人材24名(徴兵50%)であった.なお,MTTドモコ採用・人事異動組の平均年齢は20代半ば(当時),NTT採用・人事異動組は30才半ば(当時),電電公社採用・人事異動組は40～50才(当時)と幅広い年齢層であった.榎部長はこの混成部隊によるプロジェクトのメリットについて次のように述べている.

「NTTなどの大きな会社というのは,相手と自分とのポジショニングを決めて話をする傾向があります.そして,相手と初めて会った時に『何年の入社なのか』とまず尋ねます.その人が何年の入社かによって『さん』付けで呼ぶか『君』付けで呼ぶかが決まり,胸張るか,頭下げるかを考えます.また『専門』があります.たとえばNTTの人事は,交換機,ケーブル(線路)などのエンジニア分野ごとなどに専門(通称:背番号)が以前は決まっていました.そのため縦横でお互いのポジションを考慮してから話をするという傾向がありました.そして一度そのポジションが確定してしまうと,口のきき方から意見の言い方なども決まって

しまい，下の人間は上の人間に対してものを言いにくいという傾向がありました．しかしながら，iモードの部隊は社員構成がバラバラであったため，最初から，仕事のできる人が仕事をする．地位と給与は関係ない．仕事だけは若年者でも年配者でも，できる人にくっ付くという形をとりました．この結果，若い社員がどういう行動をしたかといいますと，女性は「松永さんになりたい」と思うわけです．やはり，リクルートの元編集長は有名ですから．また，男性は夏野さんのようになりたいと．やはり海外留学をして，ビジネスモデルをワーッと構築し，英語でガーッとしゃべるようになりたいと思うわけです．非常に人の活気づくりには良かった組織だと思います」

　後述するプロジェクト・マネジャーに必要な資質・役割においても述べているが，榎部長は，社内外からの有形無形の雑音，圧力等を排除し，このような活気のある組織を運営，外部より採用した人材を活躍させる場を維持するため，相当な努力・労力を要したと思われる．iモード成功の大きな要因の1つに，プロジェクト・マネジャーであった榎部長による身を挺したプロジェクトの維持・運営が挙げられると考えられる．

2.4　商品開発のコンセプト

　必要な人的リソースが揃ったところで，iモード開発プロジェクトのメンバは商品開発のコンセプト立案・具体化にまず着手する．

2.4.1　コンシェルジェ・コンビニサービス

　「音声の外側でデータ通信の収益を得るというモデル」という発案は，先述したようにマッキンゼーより提出されたレポートにあった提案内容であるが，携帯電話単体にてインターネット接続を実施することについてまでは明確に示されてはいなかった．そのため発足したプロジェクトチームは，まずこのぼんやりした状態であった商品サービスのコンセプトについて案出，明確化を行わなくてはならなかった．

　かくして，プロジェクトチームは，半年の間，毎日毎日，新たな商品サービスのコンセプトについて，ディスカッションを実施した．ホテルを借りて合宿することも

あったという．このホテルを借りて行われた合宿の中で最も有名なものが，松永担当部長の著書『iモード事件』にも出てくる「ホテル西洋」での合宿である．ホテル西洋は銀座1丁目にある立派なホテルで，一晩だけで50万円位かかったそうである．この合宿には，業界関係者，放送作家など，いわゆるコンテンツ業界の人々にも参加をお願いした．なお，榎部長はこのときのコンテンツ業界の人々の印象について，「彼ら(コンテンツ業界の人々)は起床するのがお昼の12時頃であるため，夕方6時か夜中12時が昼感覚であった．一般のサラリーマンとは，かなり時間帯がずれていた」と回想している．そしてこのホテル西洋での合宿において出てきたコンセプトが「コンシェルジェ・コンビニ」である．

"コンシェルジェ"とは，ホテルのコンシェルジェのことであり，要するに，携帯電話が個人の生活をサポートしようとの意味である．たとえば，乗り換え案内サービスなどがこれに当る．"コンビニ"とは，コンビニエンスストアのことであり，要するに，デジタルコンテンツの小売業をしようとの意味である．榎部長もこのコンビニのコンセプトについて，「小売業のコンセプト・ビジネスの構成はデジタルコンテンツビジネスと共通点があり，扱っている商品がデジタルコンテンツか物理的なものかのみの違いである」と述べている．

ちなみに，コンビニエンスストアの店舗は大体100平方メートルの大きさであり，約3000アイテムを揃えていると言われている．それに対し2003年現在，iモードの画面の大きさは100文字(全角で横10文字，縦10行)が一般的で，メニューサイト数は約3600であることから，たしかに共通点があると思われる．また，コンビニエンスストアは，一店舗あたりの大きさを広げず，その決められた店舗の広さの中で死に筋を落とし，売れ筋を上げるのが基本ビジネスモデルである．この基本ビジネスモデルはiモードも同様であると思われる．さらに，コンビニとiモードの共通点は，その取り扱う商品の規模にも表れている．コンビニではスーツや車などの高級品は絶対に取り扱わない．小さな売上を積み上げ，繰り返すことで収益をあげるビジネスモデルである．iモードについても同様であり，パソコン，インターネットのマーケットは狙わず，小さな売上の積み重ねによる収益モデルを志向している．

2.4.2 住友銀行にターゲットを絞ったコンテンツ戦略

コンテンツに関する戦略については夏野担当部長が中心となって練り上げた．夏野

担当部長は前職のハイパーネット社にて広告ビジネスを行っていたため，コンテンツプロバイダとも付き合いがあったためである．

しかしながら当時，コンテンツプロバイダは無線方式のセキュリティについて不安をもっており(実際には安全であった)，特に銀行などは無線方式の導入，つまりｉモードの導入，利用に躊躇していた．そこで，一計を案じた夏野担当部長は住友銀行(当時)にターゲットを絞り，直接参加交渉を開始した．銀行をターゲットとした理由としては，銀行という保守的なプレーヤーが参加することにより，ｉモードの信頼性を上げることがねらいであり，そしてその銀行業界にあって住友銀行を選択した理由は，住友銀行は他の大手銀行と比較しアグレッシブな風土があったためである．また当時は金融ビックバンと言われ始めた頃であり，各行は，それまでの大蔵省による護送船団方式の終焉により，銀行独自の特色による生き残りを要求されていた．そこで夏野担当部長は，これからはｉモードの普及により個人一人一人がＡＴＭをもつことになると説明した．当時，住友銀行は店舗の整理統合を検討していたが，顧客とのつながりを失うわけにはいかないため，店舗の代替としてＡＴＭの導入を検討していた．しかしながら，ＡＴＭは多額の投資を行い大量に設置しても，昼休みの時間帯以外はあまり利用されないという問題点があり，さらに，給料日直後の昼休みなどには今度は非常に混雑し，苦情となるという問題点があった．そこで夏野担当部長は，コスト削減にもつながり，また顧客とのつながりが失われない，顧客を待たせることもないとして，ｉモードのアピール，売り込みを行った．住友銀行はすぐにこのアイデアを理解，賛同し，参加を決定した．

かくして夏野担当部長の読みどおり，住友銀行が参加するならば信頼に値するものである，ということになり，他の銀行，コンテンツプロバイダなどの参加が次々と決定した．当時のことを振り返り，榎部長は以下のように述べている．

> 「一行参加が決まると楽なのです．これは銀行だけの話ではなく，日本は業界単位で動きます．どこかが動き，『ちょっと申し上げられませんが，某有名な銀行さんが…』とか言うとすぐにザワザワとなり，半分くらいが参加してくれます．他の業界にも『某有名銀行さんが参加することになり，少なくとも残高照会と簡単な資金移動くらい可能になると思います』と述べた途端，『それなら安全なのではないか』という話になります．夏野さんのねらったところは非常によ

かったと思います」

2.5 商品開発

2.5.1 携帯端末の開発

かくしてコンセプトを練り上げたプロジェクトチームは，商品開発（携帯端末の開発）に着手した．iモード用の携帯端末に必要な技術は，それまでの携帯電話機能に，新たにパケット通信技術およびブラウザ機能を追加することであった．このような機能を有する携帯電話の設計・生産を携帯電話メーカーに依頼することがプロジェクトメンバー，特にリーダーの榎部長のミッションであった．ちなみに当時は，パケット技術を携帯端末に実装する技術を有していたメーカーはまだ1, 2社程度であり，また，携帯電話にブラウザを載せることなどは誰も考えていなかった．

すでに普通の携帯電話端末の生産に追われ，大きな利益を出していた携帯電話メーカーは，当初あまり乗り気ではなかったと榎部長は回想している．しかし榎部長の依頼交渉によりメーカー各社は作成に動き出した．当時の状況について榎部長は下記のように半分冗談も交えながら述べている．

> 「当時は売れるかどうか分からない状態でしたし，なおかつ，難しいものを作ってくださいとお願いしたため，メーカーさんは大変だったと思います．見ているとどうも傍流の人が担当した気配があります．そしてiモードで成功した後は，その人たちは本流に戻っていきました．これも運です．
>
> メーカーさんがなぜiモードを作ってくれたかにつきましては，私が頼んだから作ってくれたのです．理由は，当時，私がNTTドコモの部長だったからです．将来出世するかもしれないし出世しないかもしれないが，出世して資材部長とか電話機の購入権限を持つようになった際には，「ノー」と言ったメーカーさんをいじめ抜くのに決まっていますからね（笑）．そこで，私が『iモードの電話機作ってくださいね』とやさしく頼んだところ，メーカーの責任者の方は首を縦に振って目を横に振っていました（笑）．本当です．内心は売れると思っていなかったのですから」

2.5.2 料金設定

iモードという名称が決まった頃，プロジェクトチームは料金設定についての検討を開始した．なお，「iモード」というブランド名称については松永担当部長が考案したものである．このネーミングについては，松永担当部長の著書『iモード事件』において詳しく記述されているため，本書では割愛する．

それまでのNTTやNTTドコモにおける料金設定の方法は，想定販売量を算出，必要な経費を積み上げ，その上で利益が出るように設定するというものであった．また料金の課金方法については，基本料(定額料)プラス従量制であった．

そのため，安全サイドに見た場合には，基本料(定額料)を高めに設定するという料金設定を行ってきた．あまり利用されなかった場合においてもリスクが少ないからである．ゆえに，リスクが高いと考えられていたiモードにおいても，同様に当初は1,000円程度と比較的高めの基本料の設定を考えていた．

この1,000円程度という基本料設定に対し，この料金設定ではユーザが契約を躊躇すると松永担当部長が異を唱え，激しいやり取りの後，松永担当部長提案の300円と決定した．松永担当部長が提案した300円の根拠は週刊誌の価格であった．週刊誌を躊躇して購入する人はいない，ほしい時に買う，その価格が300円であるというものであった．これが500円，700円となると月刊誌と同じであるため購入に躊躇する．エントリバリアが高くなり顧客数が集まらなくなって，iモードのビジネスモデルは成立しないと松永担当部長は力説した．iモードのビジネスモデルの基本は，利用ユーザ数が多いため，コンテンツプロバイダががんばるという，フィールドバックモデルであったためである．

この300円という基本料設定について榎部長は次のように冗談を述べている．

> 「最後の決め手は，松永真理さんを説得することと，300円の料金案にて社内の了承を得るのと比較し，どちらが楽かを考えたとき，300円の料金案を通す方が楽だからという話もありました」

2.5.3 マーケティング(社内セールス)

iモードのマーケティングにおいて，最も重要であったのは，社内セールスであったと榎部長は述べている．

NTTドコモではほぼ100％代理店という販売形態をとっている．またNTTドコモは九州，東北，四国，北海道というような9つの会社に分かれており，それらの会社の中にそれぞれ代理店をコントロールする部署がある．そして，それらの部署が広告宣伝費，代理店手数料（コミッション）などの権限を有している．そのため，その代理店営業部の匙加減にて商品サービスの売れる売れないが決まるところがある．

　そこで，iモードのプロジェクトチームも，これら社内の代理店営業部を重視し，代理店営業部に対し売り込みを開始した．これがいわゆる，社内セールスである．榎部長と松永担当部長が中心となり，サービス開始の1年前から，北海道から九州まで日本全国キャラバンを行った．

　榎部長は当時を振り返り，社内全国関係部部署への売り込みは非常に効果があったが，特に関西はがんばってくれたと述べている．榎部長の実際の言葉にて確認したい．

　「新しい商品サービスを，でき上がる前に東京から説明に来たことは初めてであったそうです．関西の人というのはプライドがあるのだと思います．我々は商品ができる前から，頭を下げて説明したため，それを気に入ってくれまして，がんばって売ると言ってくれました．また，もう1つの理由として，関西では単月シェア5割を切る（全国平均は6～7割）という苦境にあったということがありました．そのため，この商品ならば勝てる可能性があると見た関西ドコモは，広告宣伝，代理店手数料，すべてiモードに突っ込んでくれました．

　非常に良い商品を作っても，売れてなんぼですから，セールスチャネルは非常に重要です．私も松永真理さんに言われてそのことに気付きました．彼女はクリエイターでしたが，売上に関しては非常に熱心です．リクルートさんの雑誌に関わっているとそうらしいのです．雑誌ごとが事業部となっており，ボーナスなども雑誌ごとに配分するとのことでした」

　かくして，このような榎部長を中心とするiモードプロジェクトチームおよびNTTドコモ社内外関係者の壮絶な努力の結果，iモードは急速な普及・拡大を遂げ，大成功を収めることとなった．

2.6 ビジネスモデル分析

これまで述べてきたiモードの開発・事業化であるが，具体的にはどのようなビジネスモデルであったのか，ここでは分析・考察を行う．

2.6.1 苦戦する情報通信業界

インターネットを多くの人・企業が活用するようになり，その影響領域・事業範囲を拡大できるかに見えた情報通信事業者であるが，一部事業者・事業部を除き，そのほとんどは苦戦を強いられている．回線交換機・基幹回線・アクセス回線・電話機までのすべてを情報通信事業者が垂直統合・提供していた電話の世界・時代とは異なり，インターネットの世界は，コンテンツ，ゲートウェイ・サーバー，ネットワーク，クライアントなどの各領域から成り立っており，この中で情報通信事業者が支配・提供できている領域はネットワークの一部に過ぎなくなっているためである．

このような情報通信業界であるが，元気の良い事業者・事業部もある．株式会社NTTドコモに代表される移動体通信事業者・事業部である．そこでここでは，なぜ，移動体通信事業者・事業部は元気が良いのか，マーケットリーダーであるNTTドコモのビジネスモデルからみる成功要因および，NTTドコモがおこしたイノベーションについて考察したい．

2.6.2 バリューチェーンの構築とNTTドコモの成功

平日の午後1時，NTTドコモ本社の正面入口・受付には，NTTドコモとの会議・打合せのために来社したさまざまな関係者の姿を見ることができる．サービス提供事業者(コンテンツプロバイダなど)，携帯電話機メーカー，サーバーベンダー，通信工事業界関係者などである．このようなNTTドコモの正面入口・受付の状況を見るだけでも，なぜ，NTTドコモが元気なのか，その理由の一端を確認することができる．それは，先程述べた，コンテンツ，ゲートウェイ・サーバー，ネットワーク，クライアントといったインターネット世界を形成する各領域における提供プレーヤーが，NTTドコモの元にすべて集まっていることを示しているためである．つまり，NTTドコモを核とし，モバイル・インターネット・ビジネスにおける一連のバリューチェーンが成り立っているのである．

では，なぜ，NTTドコモはモバイル・インターネット・ビジネスの中心的存在になれたのであろうか．ちなみに，欧州・米国などでは携帯電話機メーカが主導権を握っており，情報通信事業者はネットワークを提供しているに過ぎない存在である．利用ユーザの立場から考えてみると，ユーザにとって携帯電話，モバイル・インターネットの価値を決めるものは，通話品質とコンテンツである．通話品質・通話可能エリアについてはどの提供事業者もそれほど差異がなくなった今日としては，後者のコンテンツの質が極めて重要な要素となっている．面白いコンテンツ，有用なコンテンツが存在するからこそ，ユーザはNTTドコモのiモードに加入し利用するのである．もちろん，ユーザとコンテンツを結びつけるためには，単に携帯電話機とコンテンツがあればいいと言うもではない，繰り返し述べているように各領域の技術・設備装置，そしてマーケティング，ビジネスモデルなどが必要である．各領域の技術・設備装置としては，ユーザが操作しやすく高度な機能を具備した携帯電話機，その携帯端末と各種サーバー類を繋ぐ通信ネットワーク，インターネットへの接続を行うゲートウェイ・サーバー，コンテンツ検索を容易とするポータル，コンテンツ流通を支援する課金プラットフォームなど，そして，コンテンツを提供・配信するサーバーなどが挙げられる．

では NTT ドコモの役割，成功要因はどこにあるのだろうか．夏野担当部長は「モバイル・インターネット・ビジネスという生態系全体を限りなく大きく育てる」というところに NTT ドコモのミッション・役割を定め，携帯電話機，ネットワーク，ポータル，プラットフォームなどの NTT ドコモがコントロールできる媒体をうまく組み合わせて提供し，またコンテンツそのものには手を出さないという方針をとることにより，利用ユーザと提供されるコンテンツの数を増加させていった．そして現在も，豊富なコンテンツが利用ユーザを増加させ，利用ユーザの増加がさらなるコンテンツの増加を生むといった好循環を繰り返している．

2.6.3 NTTドコモの成功要因・戦略とイノベーション

具体的に NTT ドコモの成功要因・戦略について確認したい．

1つ目の NTT ドコモの成功要因・戦略は，既存の技術を組み合わせることにより，それまで存在しなかった新たなモバイル・インターネットという市場の基盤を創造したことである．モバイル・インターネットを支える各種技術は，改善改良ペースは凄

まじいものであるが，革新的な新規技術というものは正直存在しない．すべて既存技術の延長および組合せである．

2つ目のNTTドコモの成功要因・戦略は，他の企業・業界との協力・提携である．たとえば，携帯端末に決裁機能を取り込むためには，銀行やクレジットカード会社との協力・提携が必要である．しかしながら，それらの企業・業界を取り込むためには，ある一定以上の利用ユーザーが存在することが条件となる．そこで携帯電話機におけるインターネット利用画面・操作をより使いやすいものとし，利用ユーザの増加を図った．また，もともと携帯電話利用者数がパソコン利用ユーザより多かったこともプラス要因であった．結果，他の企業・業界が参入し，それによりまた新たな利用ユーザが増え，そして他の企業・業界がさらに参入するという好循環を生んでいる．

3つ目のNTTドコモの成功要因・戦略は，徹底したデファクト・スタンダードの採用である．たとえば，記述言語にはcHTMLを採用することにより，サービス提供事業者はHTMLで作成している既存のパソコン用インターネット提供コンテンツをほんの少しだけ修正するのみで，すぐにiモードへも転用，提供可能としたことなどが挙げられる．ちなみに，当時は，欧米の携帯電話機メーカが推奨するWAPと呼ばれる無線通信用に最適化されたプロトコルに世界の多くの移動体通信事業者は注目していた．

4つ目のNTTドコモの成功要因・戦略は，あくまで携帯電話にこだわったことである．新たな携帯電話機の開発のコンセプトとして，既存の携帯電話の基準(外見，重さ，価格など)に準拠した．つまり，これまでと明らかに異なるデザイン，使い勝手の携帯電話機は設計・製造しなかった．これは一部のマニアユーザを除いて，ほとんどの利用ユーザは保守的であり，横並びを好むといったユーザ特性を理解していたためである．

5つ目のNTTドコモの成功要因・戦略は，サービス料金代行回収プラットフォームの提供によりサービス提供事業者(コンテンツプロバイダなど)とのレベニューシェアである．NTTドコモは利用ユーザから通信料金の他に，コンテンツ利用料金も徴収し，その内9%を手数料としてNTTドコモが受け取った後，サービス提供事業者に渡している．これにより，サービス提供事業者は，料金回収のリスク，手間を回避することができ，本来事業であるコンテンツ作成・提供などに専念することができる．この課金プラットフォームの提供により，NTTドコモはサービス提供事業者と

WIN-WINの関係を築くことに成功している．

　以上のようなNTTドコモの戦略，取組みは，コンテンツの新たな販売方法の確立，情報通信事業者の新たな経営システムの確立，新たな市場の創造・拡大といった，社会に対する新たな価値創造を実現しており，新たなイノベーションの事例と言えるのではないだろうか．

2.6.4　新規市場創造イノベーションの基盤と横展開

　モバイル・インターネットという新たな市場を創造し，新たなイノベーションをおこした，NTTドコモの成功要因，すなわちビジネスモデルの発案・設計は，iモードの立ち上げに携わった主要メンバ(コア人材)，企画戦略担当の夏野担当部長，宣伝広報担当の松永担当部長，そしてプロジェクトリーダーの榎部長の3名を中心に企画・実行されたものである．彼らに共通する基本スタンス・考え方，マネジメントは，それまでの情報通信業界の常識を打破した新たな共有価値観のもと，さまざまな関係者との協力の下に新たなバリューチェーンを構築(価値連鎖)することにより新たな価値を創造し，新たな市場を創造・拡大(イノベーション)しようとしたことである．そして，このような価値観，行動様式，業務プロセス(コアプロセス)は，現在ではNTTドコモ社内，関係業界のスタンダードとなりつつある．このような新たな巨大市場の創造というイノベーションを起こしたNTTドコモのビジネスモデルにおける，その基盤なったスタンス・マネジメント手法，および，そのマネジメントに基づいた戦略・ビジネスモデルは，他のサービス・企業・業界においても大いに参考となると思われる．特に，これまでは独占的事業を展開していたが，規制緩和，代替サービスの登場などにより徐々にその支配力・影響範囲を縮小している企業・業界には有効であると推察・提案する．

2.7　成功のポイント

　iモードについては，ビジネスモデル分析においてもいくつかの成功要因を挙げたように，いろいろな成功要因が挙げられるが，最大の成功のポイントは，プロジェクト・マネジャーであった榎部長の努力であったと推察する．

　そこで，ここでは新商品開発・新事業開発の成功に必要なプロジェクト・マネ

ジャーの資質・役割について，榎部長の体験談を引用しながら考察したい．

(1) 場の維持

先に記したプロジェクトの始動においても述べたように，プロジェクト・マネジャーの最大の役割は場の維持であると思われる．外部からの雑音などを一身に背負い，部下が業務に専念，能力を最大限に発揮できる環境を構築・維持することである．榎部長もこの場の維持の重要性について以下のように語っている．

> 「プロジェクト・マネージャの役割は「場の維持」です．「場」というのは，一橋大学大学院の野中郁次郎教授のナレッジ・マネジメントに述べられている言葉です．私の仕事で言いますと，ｉモードプロジェクトの維持をした2年間だったと思います．1997年に社長から言われて，1999年にサービス開始ですから，ちょうど2年間維持し続けたということになります．
> 当時はまだ小姑が少なかったが，それでも「何でこんなものをやるのだ」，「こんなもの売れないのではないか」，「技術的におかしいのではないか」とか時々言われました．その時は，できるだけ私が応対するようにしました．その時は喧嘩もすれば妥協もしました．これは経営のノウハウでなく，サラリーマンとして20～30年間生き延びたというノウハウを駆使して対応しました」

(2) 駄目案件の回避と良い案件の獲得

プロジェクト・マネージャーに必要な資質として，発生した案件の取捨選択があると思われる．上長からのオーダー，横組織からの案件の持ち込み等々，さまざまな形で案件は発生するが，プロジェクト・マネージャーはそれら案件の良し悪し，リスク，リターンなどを考慮し，受け取るか拒否するかの適切な判断を下さなければならない．榎部長も案件判断の資質については，サラリーマン必須のテクニックであると述べている．

> 「上司は必ずしも賢いことを言いません．筋の悪いこともたくさん言います．筋の悪い案件にあたると悲惨です．悲惨なのはリーダだけでなく部下も悲惨です．わけの分からないことをやらなければいけないためです．なお，避けきれ

ない場合には，しばらく取り組んだ後『嫌です』と言いに行くのです．私の場合は，こういう案件の時だけは相手の正面に座ります．そして相手の目を見て『これやりましたけれど駄目です』と言うと，大体分かってくれる感じがします．

　また，『良い案件は当たりに行け』ということがあります．オーダーを出した側は難しいとは思いながらも，受けている側は楽にできるということが意外とあります．それについては自ら当たりにいき，そしてすぐ結果をもっていくと，上司が10言ったうち，2しかやっていなくても，上司は5はやったと思います」

(3) 協力者の成功を常に願う

プロジェクト・マネジャーには，自分だけでなく，部下，協力者などの成功を願う器量が必要であると思われる．プロジェクト・マネジャーの最大の役割は，プロジェクト成功に必要な人材の確保と活用，社内外ステークホルダーとの良好な関係の構築・維持であるため，それらの人々との信頼関係構築は必須である．榎部長もこの点について以下のように述べている．

「これは松永真理さんから態度で教わったことなのですが，松永真理さんはiモードの成功により昇格したメーカーの方などに対し，心底嬉しそうに「おめでとうございます」と言うのです．たとえばコンテンツプロバイダさんがiモードの活用により成功して，売上が何億，何十億，何百億規模になり，株式上場して巨額のリターンを得ると，私などは「ウーン」と少しひがんでしまうのですが，彼女はそんなことは全然ないのです．

　社内外の関係者と一蓮托生でがんばるといった人は，このような気持ちをもたれた方が良いと思います．これはテクニックではないのです．相手に応対しているときに言葉の端々に滲み出ます．そうすると，相手も「あなたのために」というふうになります．それが一番重要です．良い時は自分が誉められ，悪い時は逃げるというのは絶対駄目です．行くも退くも一緒という，一蓮托生という気持ちが絶対に必要だと思います」

(4) 部下が悲しまないように仕事をする

これは要するに，リーダは部下に対してその実力を示さなければならないということである．これは間違っても，高圧的な態度で無理難題を次々とオーダーするということではない．部下が納得，尊敬できる上司たれということである．榎部長もこの点について自分の体験を交えて次のように語っている．

「熊本の印刷会社の橋本社長とは，熊本に勤務していた時に3年間付き合ったのですが，毎晩私に講義をしてくれる中で，次に述べるようなことを教えてくれました．今はNTTグループにはキャリア制度というものはないのですが，私が入社した頃にはキャリア制度が存在していました．いわゆる，官庁で言うところの国家I種です．早稲田大学を卒業し，NTT（当時は電電公社）に入社した瞬間に特急券を持っているというわけです．私が熊本に居たとき，私には30～40人位の部下がおりまして，そこの部下に，私よりも年が上で，大卒でノンキャリアの人がいました．橋本さんはその人のことを言ったのです．『榎さん，彼が悲しまないように仕事しなさい』と．具体的には，『彼は大学を出ましたがキャリアには選ばれなかったため今の地位にいる．榎さんがぐずぐずして何もやらなければ，彼は人生の一瞬の大学と試験によりこの地位があると考え悲しくなる．自分の人生は何だったのだろうと思う．だから榎さん，そう思われないようにがんばりなさい．年は若いけれども俺より仕事ができるというふうに思ってもらえば彼も幸せになる．心が安定する』と言われました．逃げたいと思った時には，このときの言葉を考えます．部下などが見ているから，最後までがんばらなければいけない思いの支えになっています」

(5) 体感的確信

これは机上のみで物事を考えず，現場現地現物を見よということにも通じる内容であると思われる．データなどはもちろん重視すべきであるが，最後は自分自身が納得し，確信をもっているかどうかが，より良い商品サービスの開発には非常に重要であるということを示している．つまり，そこまでこだわりをもって取り組むことが必要であるということである．榎部長もこの点について次のように述べている．

「iモードについて『最初から売れると確信しましたか』という問いに対しては，売れるという確信がなければ，途中のチョッカイには，なかなか耐えられなかったと思います．その時大切なことは，当然マーケティング調査をして市場動向・ニーズを読むのですが，それだけではなく，自分の体が『当たる』と感じることです．自分の体というのは，自分の生活感です．

私の場合は，たとえば子供です．よく例で言うのですが，子供は説明書を読まずにゲームなどの操作を行います．このように誰もが簡単な操作でメールを作成することができたり，ロール・プレイングゲームを楽しんだりできるような商品サービスを出せば絶対に当たると思いました．それは理屈というよりは，目の前にある毎日毎日の事実を見ているものです．それが根底にありましたから，何かあっても『絶対に当たるはずだ』とがんばれました．心理学者のユングも同じようなことを言っています．『イメージは生命力はあるが明確さに欠け，理念は明確さはあるが生命力に欠ける』と．

理屈だけでは粘りが効かない感じがします．上から横からプレッシャーがかかった時に体が震えるわけでありますが，その時のがんばりというのは，理屈でがんばれるわけではなくて，体の本質でがんばるのだろうと思います．そういう意味では，できるだけイメージをもたれたほうが良いと思います」

(6) 「人」そして「運」

結局のところ，プロジェクト・マネジャーに最も必要な資質・役割は，場の維持などでも述べたように，人的リソースの確保，人的ネットワークの構築であろうかと思われる．「人へのこだわり」，これがプロジェクト成功の最大の要因であると言っても過言ではないのではないだろうか．榎部長も，下記のように最後は結局「人」であると述べている．

「最後は結局『人』であると思います．私の場合は松永真理さん，夏野剛さん，川端正樹さんでありますが，彼らとの出会いが成功の原因だと思います．何で彼らと出会えたのかということについては，最後は『運』です．私は運が2回良かったと公式には言っています．1番目は妻との出会いで，2番目がiモードです」

以上の6つの資質・役割が，iモード開発のプロジェクト・マネジャーであった榎部長のケースから抽出した，新商品開発・新事業開発を成功に導くためにプロジェクト・マネージャが努力して身につけるべき資質，振舞うべき役割である．

　ところで，上記⑥において，「最後は運である」と榎部長は述べているが，果たして運だけでiモードと巡り合い成功させることができたのであろうか．最後に，この点について考察を加えたい．

　Jack Welch (ゼネラルエレクトリック元会長) は Harvard Business Review のインタビューの中で自分の人生を振り返りながら，ピープル・マネジメント及びリーダシップの観点から成功に必要な要素を次のように挙げている．

「アイデアを育てかたちにすることが好き」

「小企業の精神を喚起する」

「ビジネスチャンスは勘と本能でつかむ」

「真実を語り合う心の友が不可欠」

「人々との絆こそわが人生」

　このような Jack Welch の挙げた成功に必要な要素であるが，榎部長にはこれら要素の多くが当てはまるのではないかと思われる．たとえば，ビジネスチャンスの勘と本能による獲得については，先述したように，良い案件の獲得，体感的確認といった，ビジネスチャンスを嗅ぎ分ける嗅覚が優れていたと思われる．また，心の友の存在，人々との絆と言った点についても，「結局は人」と榎部長も述べているように，メンターである橋本社長の存在，そしてiモード開発・事業化において榎部長の両腕となる松永担当部長，夏野担当部長との出会い，強い絆がそれを証明している．

　つまり，榎部長にビジネスチャンスが巡ってきたことは事実だと思われるが，榎部長にはそのチャンスを逃さず掴み，かつ活かす要素・能力・器量があったことがうかがえる．

　つまり，運だけでは新商品開発・新事業開発は成功しない．プロジェクト・マネジャーに運を活かす資質，その資質を身につけるための努力があって，初めて新商品開発・新事業開発は成功するのである．

> これについて
> 考えてみよう！！

《ディスカッションテーマ案》
- NTT ドコモ榎啓一常務が「私は運が良かった」と語った理由とそれへの賛否について．
- これからも i モードは進化し続けるのかについて．
- 同業他社もすぐに同様のサービスを展開してくるなかでどのように優位性を確保し続けるのかについて．
- コンテンツビジネスの商品開発と一般消費材の商品開発の共通点と相違点について．

〈参考文献〉

[1] 夏野剛：『i モード・ストラテジー 世界はなぜ追いつけないか』，日経 BP 社，2000 年．
[2] 夏野剛：『ア・ラ・i モード』，日経 BP 社，2002 年．
[3] 松永真理：『i モード事件』，角川文庫，2000 年．
[4] 「ひと烈伝(夏野剛氏)」，『日経ビジネス』，日経 BP 社，2002 年 11 月 18 日号．
[5] 「ひと烈伝(橋本雅史氏)」，『日経ビジネス』，日経 BP 社，2003 年 3 月 31 日号．
[6] 「i モードと呼ばれる前」，『日経エレクトロニクス』，日経 BP 社，2002 年 8 月 26 日号〜2003 年 3 月 3 日号．
[7] 『Harvard Business Review』，2002 年 5 月号．

※ i モードロゴは NTT ドコモの登録商標です．

第3章　富士写真フイルムのデジタルカメラ事業
−FinePix700の成功要因と同社の競争優位性を探る−

※本章は，2003年12月12日に早稲田大学大学院アジア太平洋研究科における長沢伸也教授の講義「新商品・事業開発方法論」にて，富士写真フイルム㈱電子映像事業部の岩部和記部長が講演された内容をもとに，筆者が分析・考察などを加えたものである．

3.1 はじめに

2003年12月，早稲田大学アジア太平洋研究科において富士写真フイルム㈱電子映像事業部開発部岩部和記部長の講演が行われた．講演のテーマは「デジタルカメラの開発と今後の展開」である．岩部部長は，同社におけるデジタルカメラ開発を長年にわたって担当しており，当事者ならではのお話しを聞くことができた．

本章では，岩部部長の講演内容を参考にしながら，一般消費者向けデジタルカメラの黎明期である1998年に市場での同社の地位を確立したヒット作「FinePix700」(カバーカラー写真上段中央および上掲写真)にいたる開発経緯を，デジタルカメラ各社のかかわりを含めながら紹介する．ついで，同社がいかにしてFinePix700の成功にいたったかについて，岩部部長の関与を中心に技術経営の側面から考察する．また，新規事業としての側面から富士写真フイルムのデジタルカメラ事業の成功要因について検討を加える．最後に，今後同社がめざすデジタルカメラの方向性についても触れる．

3.2 デジタルカメラの現状

デジタルカメラは，1995年3月に発売された一般消費者向けのQV-10(カシオ計算機)で初めて市場に認知された．それ以来，市場規模は拡大の一途をたどっている．図表3-1はデジタルカメラの出荷台数と年成長率の推移である．これはCIPA(カメラ映像機器工業会)に加盟する各社のデータを総合したものである．デジタルカメラシェアの9割程度が日本メーカーによって占有されている実態から，これがほぼ世界のデジタルカメラ出荷推移を表していると見てよいであろう．デジタルカメラ各社が一斉に参入したのは1996年であり，それ以来市場規模は順調に拡大していった．2003年の出荷実績は4000万台を超え，前年度比80％近くの大幅な成長を記録した．さらに，2004年の市場規模は6000万台を越え，なお40％の成長率となるものとCIPAでは予測している．

メーカー別の状況はどうだろうか．図表3-2は2002年の国内出荷数量のシェアである．富士写真フイルム(20.2％)を筆頭に，ソニー，キヤノン，オリンパス，カシオ計算機が10％以上のシェアで続いている．23.7％を占める「その他」には，ニ

図表3-1 デジタルカメラの出荷台数推移

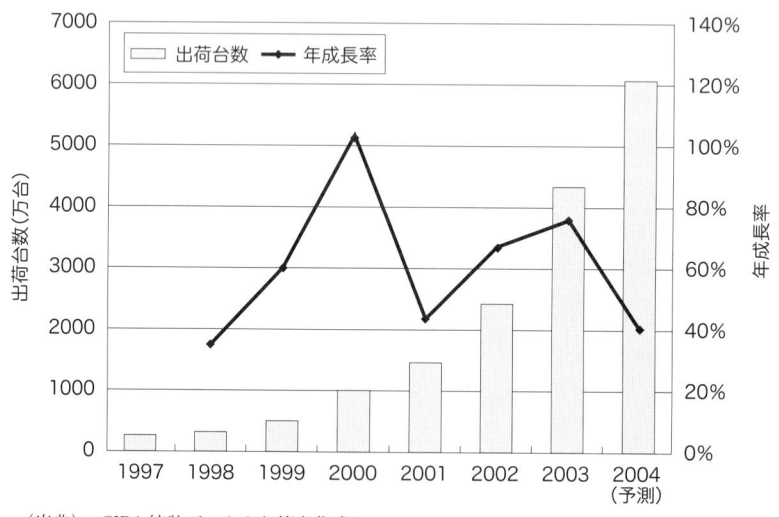

(出典) CIPA統計データより筆者作成

図表3-2 デジタルカメラの国内出荷数量シェア

- その他 23.7%
- 富士写真フイルム 20.2%
- ソニー 16.7%
- キヤノン 15.1%
- オリンパス 13.2%
- カシオ 11.1%

2002年 国内出荷 6,549,825台

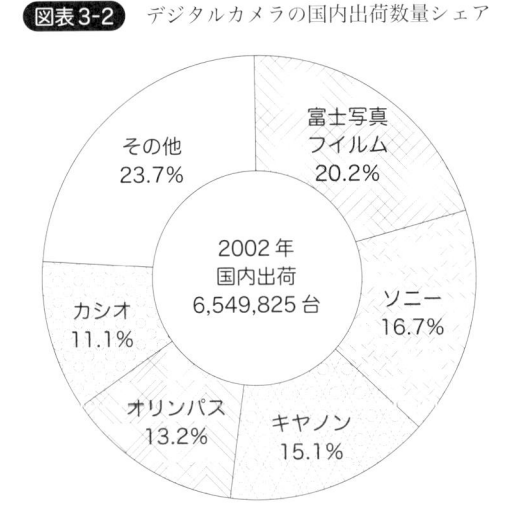

（出典）『市場占有率』，日本経済新聞社，2004より筆者作成

コン，ミノルタ，リコー，松下グループ，東芝，エプソン，三洋電機など数10社がひしめいている．

　デジタルカメラ市場が形成された1996年以降の市場シェアの推移を図表3-3に示す．1996年はカシオ計算機のQV-10（1995年3月発売）に始まるQVシリーズのヒットによって，カシオ計算機の一人勝ち状態から始まった．QVシリーズのヒットを見て，類似製品であるコンパクトカメラ業界から富士写真フイルム，オリンパス，リコーなど，ビデオカメラ業界からソニーなどが参入した（注：このような他業種からの大量参入によるデジタルカメラ産業確立のダイナミクスについては，技術および経営の側面から平田(2004)が詳細な検討を行っている）．この競争激化によってカシオ計算機の市場独占状態は2年で消滅し，1997年からは混戦状態となった．そこで一歩抜け出したのが，富士写真フイルムとオリンパスというコンパクトカメラからの参入組であった．富士写真フイルムは，激戦のなかにあって1998年から現在にいたるまで国内におけるトップシェアをキープしている．この原動力になった大ヒット商品が1998年3月に発売されたFinePix700であった．

図表3-3 デジタルカメラの国内出荷数量シェア推移

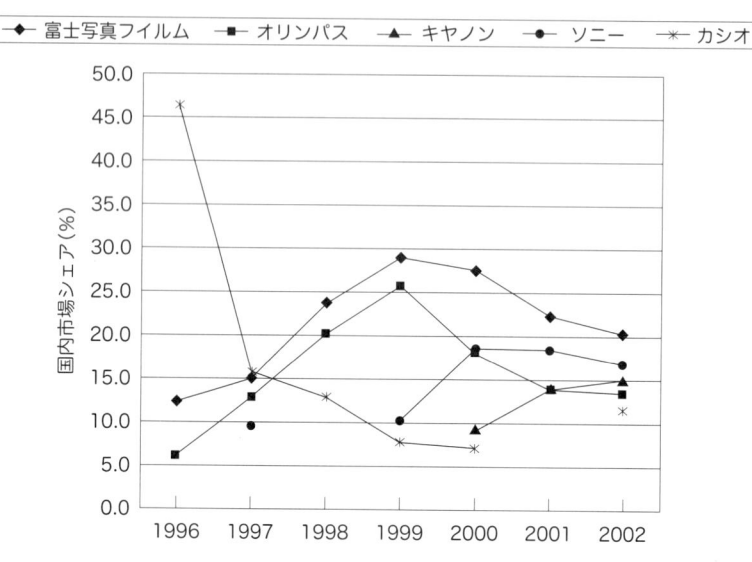

凡例: ◆ 富士写真フイルム　■ オリンパス　▲ キヤノン　● ソニー　＊ カシオ

(出典)『市場占有率』，日本経済新聞社，各年度版データより筆者作成

3.3　富士写真フイルムFinePix700開発前夜

3.3.1　デジタルカメラ誕生

　このような爆発的な市場規模拡大は，発端となったカシオ計算機のQV-10（1995年）の出現直後から始まり，富士写真フイルムのFinePix700（1998年）によって加速した．デジタルカメラ市場は，形成からまだ10年も経っていないのである．しかし，そこにいたるまでには各社のたゆまない研究開発による醸成期間が必要であった．一般消費者向け市場形成前のデジタルカメラ各社での地道な研究開発や経営判断の状況は，青島によるオリンパスなどの事例が報告されている．ここでは富士写真フイルムを中心に，歴史を少しさかのぼってデジタルカメラ市場確立への道のりをたどる．

　1981年にソニーはアナログ型電子カメラであるマビカを発表した．このとき，富士写真フイルム社内には，いわゆる「マビカショック」が駆け巡ったという．電子カメラは，従来のカメラで用いるフィルムの替わりに撮像素子を使う．すなわち，フィルムが不要となる技術が出現したのである．同社は，本業であったフィルム事業への

危機感を感じ取った．当時の社長であった大西實元社長はこう語っている．

　「もし，フィルムを使わない電子カメラが主流になるとすれば，当社がフィルム事業だけにこだわっていたら大変なことになります．早速，社内の研究開発陣から『ぜひやるべきだ』という提案がありました．社長に就任間もない私も同意見でした．そこで中核となる光に関連した半導体技術の研究開発体制を整えるため，米国に研究所を作るなど資金や人材をこの分野に集中的に継続投下しました」(『日経ビジネス』，2002 年 1 月 14 日号，p. 1 から転載)

　富士写真フイルムは，マビカの発表に将来画像処理技術のデジタル化の時代がくることを予感した．当時の同社は化学会社であり，デジタル機器を開発できる電子技術者は手薄であった．そこで 1980 年代半ばから電子技術者や機械技術者の採用に力を入れ始めた．この時期である 1985 年に同社に参加したのが，電子機器メーカーで画像処理機器の設計を経験してきた現在の岩部部長である．岩部部長はのちに FinePix700 で製品責任者を務めることになる．

　岩部部長が入社した当時，富士写真フイルムではアナログ方式による電子カメラの開発に着手していた．最初の製品が，1987 年 9 月発売の電子スチルビデオカメラ ES-1 である．このシリーズは，1988 年 10 月発売の ES-20 そして 1989 年 12 月発売の ES-30TW まで 3 機種発表された．しかし，富士写真カメラのターゲットはあくまで，アナログに替わるデジタル方式の電子カメラであった．その理由について岩部部長は，

　「アナログの方式はテレビの方式を採用していましたので，画質，プリントをやっていく上では限界があるということで，富士フイルムは 1988 年から，もうデジタル化のほうに方向を変えておりました．富士フイルムの基本は，お客さまにプリントを提供することです．映像文化はプリントが 1 つの大きな市場だということで，電機メーカーさんとはちょっと違って，プリントをどう訴求するかということを中心にやってきました」

と語っている．これを具現化したのが 1988 年 10 月発売の同社初のデジタルスチルカメラ DS-1P である．DS-1P は世界で初めてデジタル化した画像データをメモリカード(注：カード状の取り外し可能な記憶媒体)に書き込むという方式を採り，その

後のデジタルカメラの標準的な画像保存方式の先駆となった．

DS-1P 発表以降は，1989 年 10 月 DS-X，1990 年 9 月 DS-100，1993 年 1 月 DS-200F とほぼ 1 年に 1 機種のペースで新機種を発表していく．この間，富士写真フイルムは経営上の思い切った意思決定を行った．それは，1990 年の富士フイルムマイクロデバイス社とフジックス社（現富士フイルムフォトニックス）の設立である．前者は，デジタルカメラのキーデバイスである CCD（電荷結合素子）を中心とした画像用半導体製品の専業会社である．設立の意図として CCD の自社グループ内調達があった．現在の状況を見れば分かるように CCD を供給するメーカーは，ソニーや松下電器産業，シャープなど非常に限られている．富士写真フイルムは将来のデジタルカメラ市場の拡大に賭けて，キーデバイスである CCD の内製化を決断したのである．この判断は，のちに同社独自の「ハニカム CCD」として実を結ぶことになる．また，フジックス社はこれらのキーデバイスや光学部品を実際のカメラに組み上げる組立会社である．岩部部長はこの経緯を次のように説明している．

> 「キーデバイスを他社依存しているのでは，自主開発商品ができないということで，キーデバイスのうちの CCD が社内になかったものですから，CCD の開発・製造会社をつくる．もう 1 つは，富士フイルムは会社の名前のごとく，フィルムとか化学の素材を作ることは得意でしたけれども，ハードウエア機器のアッセンブルをする工場は持っていませんでしたので，こういう民生用のエレクトロニクスの機械を作る上では，今後そういうアッセンブル工場が要るだろうということで，1990 年に設立をいたしました」

3.3.2　100 万画素へのこだわり

1980 年代後半から 1990 年代前半の業務用デジタルカメラは売価が数十万円から数百万円であり，一般の消費者にはとても受け入れられない価格帯であった．富士写真フイルムは，1993 年以降も業務用として DS-505（1995 年 2 月），DS-300（1997 年 4 月）などを発表した．DS-505 は自社製 140 万画素 CCD を用いた最初の製品であり，ニコンとの共同開発品であった．価格は 150 万円．CCD 製作の難しさがコストを押し上げていた．しかし，その 1 年後である 1996 年 9 月の DS-505A では 89 万円，2 年後に続く DS-300 は同じ 140 万画素 CCD を使いながら 248,000 円まで

価格を下げることに成功した．自社製 CCD の成熟が急速に進んでいるのを物語っている．

　DS-300 は，ハイエンドアマチュアにとって手が届く製品として，EISA(欧州映像音響協会)および TIPA(Technical Image Press Association) でそれぞれベストデジタルカメラ・オブ・ザ・イヤーを受賞するなど好意的に受け入れられた．EISA での受賞理由は，

① フジックス DS-300 は銀塩写真と比肩しうる画質を達成した初めての小型デジタルカメラである．

② コンパクトで機動性に富み，フィルムを使う通常のカメラ同様操作は容易で，35〜105mm ズームレンズやオプションの 4.5 コマ／秒の連続撮影，2 つの ISO 感度設定など，数多くの特筆すべき機能を兼ね備えている．

③ PC カードにより，どんな状況でもコンピューターの接続なしに使用でき，有効 130 万画素の CCD と進化した画像処理は，シャープでカラフルな画像を約束する．

である(「富士写真フイルム プレスリリース」1997 年 8 月より引用)．このような，銀塩写真(注：通常のフィルムカメラによる写真)に引けをとらない画質へのこだわりが 1990 年ころから富士写真フイルムのデジタルカメラ開発陣にはあったと岩部部長はこのように述べている．

> 「私どもの『写ルンです』というレンズ付きフィルムが市場で大きく受け入れられておりまして，サービスサイズのプリントで，あれと同じような画質のプリントができると，電子映像も受け入れられるだろう．それで 1988 年から 1990 年にかけて，『写ルンです』と同じような画質を得るのにはどんなエレクトロニクスの技術が要るか，主にはレンズと CCD ですけども，の研究を 90 年の初めぐらいから始めておりました．この当時から，サービスサイズの大きさに焼き付けるためには，100 万画素の CCD が必要であると決めておりました」

すなわち，富士写真フイルムでは 1990 年頃よりサービスサイズの銀塩写真に並ぶ画質をデジタルカメラで実現することをゴールとして開発が始められた．銀塩写真に比肩する写真品質を実現するためには 100 万画素(メガピクセル)以上の CCD がキーデバイスとして必要であり，コスト目標を達成するためには自社グループ内で開発す

べきとの経営判断で1990年の富士フイルムマイクロデバイス設立は戦略的に行われたのである．

3.3.3　一般消費者向けデジタルカメラへの展開

　1995年3月，デジタルカメラ業界に衝撃が起こった．カシオ計算機のQV-10の発売である．QV-10は25万画素CCDを採用しており，画質としては未だしの感があるものの，65,000円の定価は一般消費者に十分手が届く魅力ある製品であった．最大の特徴は，ファインダーの代わりに液晶モニターを備えていたことである．モニターの搭載により撮影者はその場で撮影結果の良し悪しを確認できるようになった．加えて，撮った写真をすぐに見たいという欲求も満足させることができた．液晶モニターは，その後のデジタルカメラに必ず付属する基本機能になった．このQV-10の出現で，一般消費者向けデジタルカメラのドミナントデザインは決定されたと言ってよい．岩部部長はQV-10をこのように評している．

> 「デジカメの話になりますと必ず出るのが，カシオさんのQV-10です．これが1995年の3月に出まして，それまではデジカメというとどんなものか説明するのが大変だったんですけど，これ以降はデジカメということを説明する必要がないぐらいにヒットいたしました．
> 　それが1995年のことですけれども，それから見事に(各社の製品が途絶える)空白の期間があります(筆者注：図表3-5参照)．それだけ，このQV-10というカメラは画期的であった．他社が1年間追随できなかったという商品です．これが，民生用のデジカメの門を開いたと言われている機械です」

　QV-10は，他社が1年間追従できなかった画期的製品であった．このQV-10によって，一般消費者向けデジタルカメラの市場が開けられた．翌1996年になって，各社はいっせいに一般消費者向けデジタルカメラを発表した．1996年6月のコダック，チノンを先頭に，その後6カ月の間で富士写真フイルム，リコー，ソニー，オリンパスと主だったメーカーが出揃った．コダック，チノンの製品を除き，全社QV-10に追随するかたちで液晶モニターを備えていた．この間にも，先行するカシオ計算機は1996年3月に後継のQV-10A，さらに液晶モニターを大型化したQV-30を発表し，優位性の確保を図った．

富士写真フイルムは，1996年7月発売のDS-7（定価69800円）で追撃した．武器はQV-10の25万画素を凌ぐ35万画素CCDによる高画質と，記憶媒体としてスマートメディアを採用した点であった．スマートメディアはカメラ本体から取り外しのできる記憶媒体であり，交換すればいくらでも記録枚数を増やすことができる．先行機種のDS-1Pのメモリカード技術を生かしたものと考えられる．これに引きかえカシオ計算機を始めとする他社は，まだ内蔵の記憶媒体を用いていた．このため数10枚撮影すれば記憶できる容量がいっぱいになってそれ以上撮影できなくなる問題点を抱えていた．このような取替え式の記憶媒体をデジタルカメラに使用する方式はその後の標準仕様となった．

1996年後半にかけて各社のカシオ計算機対抗製品が出揃ったものの，まだ先行するカシオ計算機の一人勝ち状態であった．ところが，1997年になると状況は一変する．図表3-4は，大手カメラ量販店の台数ベースでの製品別売上トップランキング推移である．月の前後半でトップが入れ替わった場合は，2機種併記してある．

1997年前半はソニーDSC-F1と富士写真フイルムDS-7がトップを争ったが，6

図表3-4 デジタルカメラ大手量販店の売上トップ製品ランキング推移

1997年	1月	ソニー	DSC-F1	1998年	1月	コダック	DC-210Z
	2月	富士写真	DS-7		2月	コダック	DC-210Z
	3月	富士写真	DS-7		3月	富士写真	FinePix700
	4月	ソニー	DSC-F1		4月	富士写真	FinePix700
	5月	ソニー	DSC-F1		5月	富士写真	FinePix700
	6月	三洋 リコー	DSC-F1 DC-2E		6月	富士写真	FinePix700
	7月	カシオ オリンパス	QV-100 C-800L		7月	富士写真 オリンパス	FinePix700 C-840L
	8月	オリンパス	C-820L		8月	オリンパス	C-840L
	9月	オリンパス ソニー	C-820L MCV-FD7		9月	オリンパス 富士写真	C-840L FinePix500
	10月	オリンパス	C-820L		10月	オリンパス	C-840L
	11月	NEC	picora		11月	オリンパス オリンパス	C-840L C-900Z
	12月	ソニー コダック	DSC-F3 DC-210Z		12月	オリンパス	C-900Z

（出典）PC Watch Webサイト情報より筆者作成

月以降は大混戦となった．ほとんど月替わりで売上トップは入れ替わった．三洋電機 DSC‐V1，リコー DC‐2E，カシオ計算機 QV‐100，オリンパス C‐800L，C820L，ソニー MCV‐FD7，DSC‐F3，NEC Picona，コダック DC‐210Zoom が交代でトップの座を取った．この時期のパターンは発売直後に急激に売上を伸ばすものの，他社新製品の出現とともに急激に売上順位を落とすというものであった．すなわち，決定的なヒット製品は皆無に等しい状況となった．

この中で富士写真フイルムは，1996 年後半から 1997 年にかけて DS‐8，DS‐10，DS‐20，DS‐30 を発表したが，1997 年後半はヒットに恵まれなかった．DS‐30 (1997 年 11 月発売)で光学 3 倍ズームを採用するなど付加機能の充実を図ったが，これらの製品はすべて他社製の 35 万画素 CCD を用いており，目新しさの少ない製品群であった．

3.3.4　高画素化ブームの到来

1997 年後半での主力デジタルカメラの CCD 画素数は，限られた CCD メーカーしかないことによって各社ほぼ 35 万画素で横並びの状況であった．この中で高画素製品を出していたのは，唯一オリンパスであった．81 万画素 CCD を特徴とする C‐800L (1996 年 10 月発売，定価 128,000 円)に続いて 1997 年 7 月には C‐820L (定価 84,800 円)を発売した．そして遂に 1997 年 10 月に 141 万画素の CL‐1400L (定価 128,000 円)を発売した．相前後して，コダック DC‐210Zoom (109 万画素，定価 81,000 円)，コニカ Q‐100M (108 万画素，99,800 円)が発売され，メガピクセル時代に突入した．

このような高画素化の流れは図表 3‐5 を見れば明らかである．この図は，1995 年から 1998 年までの各社の一般消費者向けデジタルカメラの発売月を画素数別にまとめてある．実売価格が，一般消費者向けと考えられるおおむね 10 万円以下の機種を載せた．

1995 年 3 月のカシオ計算機 QV‐10 以来，1 年以上経過して他社は対抗機種をようやく発売していった．コダック，富士写真フイルム，キヤノンがほぼ 1 年 3 カ月後，ソニーやオリンパスはその 3 カ月後の発売であった．

1996 年後半から 1997 年は，35 万画素を中心とする 50 万画素以下の時期である．1996 年後半に一部のメーカーが，81 万画素を中心とした製品を発表したが主流と

図表3-5 各社一般消費者向けデジタルカメラの画素数別発売月(1995〜1998年)

総画素数	メーカー	1995	1996	1997	1998
~30万画素	カシオ	3月	5月,6月	7月	
	コダック		5月		
	他*		5月		
30~50万画素	カシオ		6月,8月		
	富士写真		6月,8月	6月,7月,10月	2月
	ソニー		9月		
	オリンパス		9月	6月,8月	
	リコー			4月,9月	
	他*		9月,10月	5月,9月	
50~100万画素	ソニー				9月
	オリンパス			9月	
	キヤノン			11月	
	他*				3月
100~200万画素	カシオ				3月
	富士写真				6月,9月,11月,12月
	オリンパス			10月	6月,8月
	リコー				10月
	コダック			10月	
	ニコン				10月

*三洋電機, チノン, ミノルタ, エプソン, コニカ, シャープ, 松下電器

(出典) 各社Webサイト情報より筆者作成

はならず，大半は35万画素に留まった．CCD供給者が限られていたことによる81万画素CCDの供給力不足と高価格が原因となった可能性が大きい．

そして1998年からは100万画素の時代に入っていった．すでに富士写真フイルムは，1997年4月に定価248,000円のDS-300で140万画素を経験してきていたが，価格的には一般消費者向けとは言い難かった．一般消費者に受け入れられるには，10万円以下の定価を実現することが課題となった．DS-300から1年で価格を半分以下にするという挑戦であった．

3.4 150万画素デジタルカメラFinePix700の開発

3.4.1 製品コンセプト

前述のように富士写真フイルムの目標は，150万画素デジタルカメラの実現であった．DS-300により一応の目標達成はしたものの，市場は立ち上がり始め，一部の先進消費者（イノベータ―）から流行を先導する一般消費者（アーリーアダプター）に市場が拡大していった．したがって，この層に受け入れられる価格と性能そしてデザインのバランスが求められた．このバランスのとれたメガピクセル機として，富士写

真フイルムでは FinePix700 が企画された．その開発責任者となったのが岩部部長であった．岩部部長は FinePix700 のコンセプトをこう説明している．

> 「プリントしてちゃんと楽しめるような画質にしたいということで，銀塩カメラと比較できる画質．ただ，当時，一眼レフとかいろんなカメラがあって，そちらにはなかなかかなわない．まずは一般の方に受け入れられているレンズ付きフィルムの『写ルンです』の画質に近づけようということで，130 万画素以上要る．VGA の 35 万画素のものを，サービスサイズにプリントしますと粗いんですけども，それをちょうど 4 分の 1 に縮小しますと，そこそこ見れる絵になるんです，きめ細かさが．ですから，それを 4 つ重ねると，サービスサイズでちゃんと『写ルンです』のような絵になるということで，35 掛ける 4 で 130 万から 150 万画素．そういうことで，メガピクセルが必要です．
>
> 　一般の方に使っていただくのは，ポケットに入らないと持ち運びが不便だということで，ポケットに入るサイズ．FinePix700 は無理をしないと入らないぐらいの大きさになってしまったんですけど，ポケットサイズに入れようとしました．
>
> 　今思いますと 10 万円というのは非常に高いんですけども，当時はメガピクセルのカメラが 100 万円ぐらいしていましたので，民生ということで 10 分の 1 ぐらいにしようということを目標に開発を進めてまいりました」

製品コンセプトは，次の三点にまとめることができる．
(1)　130 万画素以上 → 銀塩カメラと並べられる画質
(2)　高級コンパクトカメラサイズ → ポケットに入るサイズ
(3)　10 万円以下 → 一般消費者の手が届く価格

この開発コンセプトは，1988 年の DS-1P 以来，岩部部長が 10 年間抱き続けていた一般消費者向けのデジタルカメラ像であった．

3.4.2　FinePix700 実現へのブレークスルー

(1)　150 万画素 CCD を生かす部品選定

FinePix700 用の CCD として，自社グループの富士写真マイクロデバイスが 1/2 インチ 150 万画素 CCD を新たに開発することになった．この CCD は，約 1 年前に

発表された DS-300 に用いた 2/3 インチ 140 万画素 CCD に比べサイズを小型化し，さらに作りやすい Interline 方式の提案であった．この新しい CCD 採用決定に至るまでには，1996 年当時，CCD を供給する富士写真マイクロエレクトロニクスと設計部の間で相当の議論があったが，どちらかというと経営的な判断で決定がくだされた．しかし，キーデバイスである CCD の選択が安易な決定ではなく，厳しい設計部の検証を受けたうえでの決定であり，双方にとって緊張感のある製品開発ができたものと思われる．結果としてこの CCD を採用することで，小型化と低コスト化が実現できた．また，当時他社の CCD の大半は動画撮影を対象にしたビデオカメラの CCD をスチル（静止画）カメラに流用していたのに対して，富士写真フイルムが採用した CCD はスチルカメラ専用品として開発されたものであった．これは，CCD を自社開発できる同社の優位点であると宗雪元社長は述べている．

また，この CCD を生かす光学系についても，同社は富士写真光機という子会社を持っており，フジノンブランドのレンズを自社内調達できた．FinePix700 においては，DS-300 で採用した 3 倍ズームから単焦点に変更することで小型化とコスト対応を図った．

さらに，デジタルカメラのもう 1 つのキーデバイスである信号処理 LSI は高速 RISC CPU の採用と信号処理のソフト化で，大幅な部品点数削減を実現した．DS-300 では 10 数個の部品で構成された信号処理部を 6 個にまで減らすことに成功した．

(2) 超小型・先進のデザイン

FinePix700 の最大の特徴は，従来にない縦型デザインであろう．FinePix700 の開発に当たっては，デザインを従来の事業部から本社のデザインセンターに移管した．デザインセンターではユーザーインターフェース調査を行い，斬新な縦型デザインや使い勝手の良い十字操作キーを提案した．従来のプロダクトアウト型の商品開発からプロダクトアウトとマーケットインの融合型商品開発に進化させて，消費者に訴えることに成功したのである．事業部としてデザインへの不可侵をコミットメントしたことが斬新なデザインを導き出しており，商品開発マネジメントの 1 つの成功例と見ることができる．

また，この製品では初めてアルミ合金製のボディーを採用し，軽量化に貢献した．これはアルミ合金の技術発展によるところも大きい．

商品企画部門は，企画にあたって必ずグループインタビューやアンケート調査と

いった科学的アプローチで企画のヒットを担保している．FinePix700 の縦型デザイン採用にあたっても，これらの手法を採用したことが明らかにされている．これらの手法は，意図したヒット商品を作り出す有力なツールとして神田らによって体系化されており，いろいろな商品開発に応用されている．

　しかし，実際には，この縦型デザインの採用はすんなりいったわけではなかった．その先進性ゆえに，はたしてユーザーに受け入れられるかどうか製品企画，設計部，デザイナーの間で白熱した議論の末に決定された．また，この特異なデザインと小型化の目標の両立は，実際に製品に部品を組み込むレイアウト設計者を苦しめた．結局，必要なプリント基板面積を捻出するために，液晶ディスプレー裏の隙間に実装するという解決策を発案したという．これには，部品点数の削減や部品外形そのものの小型化が寄与した．小型化の要求は，供給側の部品サプライヤーにも影響し，小型外形品という新たな製品群を生み出すことになっていく．たとえば，このような要求から面実装型パッケージ品や CSP（Chip Size Package）品といった半導体部品が市場に地位を得ていった．デジタルカメラのような一般消費者向け小型デジタル製品が，小型部品市場という新たな市場を育てていったのである．

　岩部部長の売れるメガピクセル機への製品責任者としての想いは強く，デザインに対しても強い要求があった．プロダクトマネージャーとしてデザインに対する妥協のない頑固さはいくつかのエピソードが紹介されており，その一端を垣間見ることができる．

>　「（デザイナーに提案されたモックアップ（実物大のモデル）を見て）全然いいとは思わない．考えても見ろよ．僕がこの会社で，これから先何台のカメラを手掛けられると思う？　決して多くは無いはずだ．だから精一杯やりたいんだ．でも，ここにあるデザインでは，これから１年間死にもの狂いで作ろうという気になれない」（『日経エレクトロニクス』，2000 年 8 月 28 日号，pp.168−169 から転載）

　この縦型デザインは富士写真フイルム FinePix ブランドのフラッグシップ機の象徴として，その後も 2700（1999 年 3 月発売，230 万画素，1999 年グッドデザイン金賞受賞），4700Z（2000 年 3 月発売，432 万画素）に受け継がれ，現在の 630 万画素機 F610（2004 年 1 月発売）にいたっている．

(3) 価格

今まで述べた性能を定価10万円以下の99,800円で実現した．これは，先行して発売された他社のメガピクセル機，オリンパスC-1400L(141万画素，定価128,000円)，コダックDC-210Zoom(109万画素，81,000円)と十分戦える価格設定であった．前述した自社製CCDの採用や半導体部品の点数削減がこれに寄与した．加えて，既発売のDS-300からいくつかの機能や性能を落とすことでこれを実現したと考えられる．具体的には下のような例が挙げられる．

- 撮影感度：2/3インチから1/2インチに小型化したため画像の信号量が低下．
- 光学ズーム機能：単焦点方式の採用で光学ズーム機能は省略．

性能，価格，デザインのバランスを取る上で，何を切り捨てるか，そしてどのようにリカバーするかは製品開発者として悩むところである．FinePix700の開発者は，次のような対応をおこなっている．まず，撮影感度低下については新方式のアナログ・フロント・エンドIC採用によって信号量の減少を対策した．また，ズーム機能については2倍デジタルズーム採用で消費者には受け入れられると考えたのである．

3.4.3　FinePix700の登場

先進的な縦型スタイルを持つ150万画素デジタルカメラとしてFinePix700は，1998年3月4日の発表直後から一般消費者に熱狂的に受け入れられた．大手カメラ量販店での売上ランキングでは，発売直後の3月8日に初登場1位となり，それ以降7月になってオリンパスC-840Lに首位の座を奪われるまで4カ月間以上売上首位を保持した．このような長期にわたる首位キープは異例であった．さらに，その後も10位以内の売上をキープし，完全にベスト10から消え去るのは翌1999年夏以降という1年半に及ぶロングセラーとなった．

また，FinePix700は，発表直後に行われたコンピュータ関連製品の展示会であるCOMDEX/Japan '98において「BEST of COMDEX AWARD　周辺機器部門グランプリ」を受賞した．受賞理由は「150万画素で世界最小・最軽量のデジタルカメラ．ますます高画質化が進むデジタルカメラをリードする製品」である点が評価されたことによる．

ここで特に，FinePix700の小型性と軽量性についてデータで検証してみたい．図表3-6は1995年から1998年前半にかけて発売されたデジタルカメラの容積(カタ

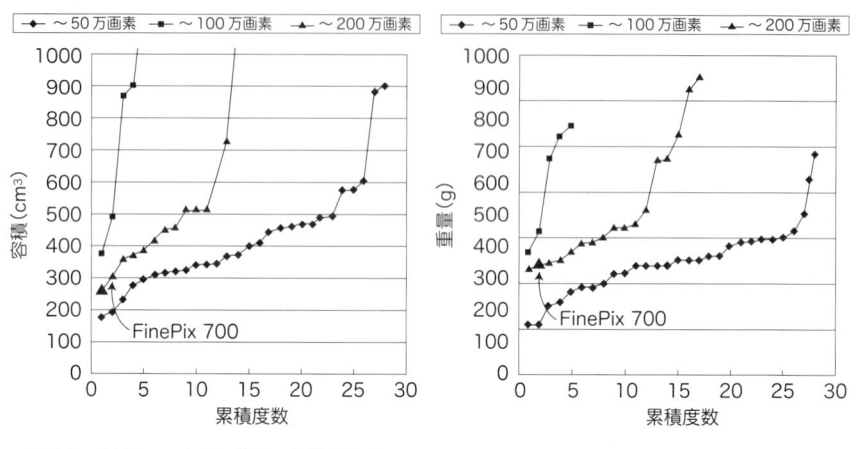

図表3-6 各社デジタルカメラの容積と重量の累積度数分布（1995～1998年発売機種）

（出典）各社Webサイト情報より筆者作成

ログに表示された高さ，幅，奥行きを掛けたもの）と，重量の累積度数分布である．画素数ごとに，もっとも容積の小さい（軽い）ものを一番左にプロットし，小さい（軽い）順に右にプロットしていったものである．100万画素機は50万画素以下に比べ，大きくかつ重くなっていることがわかる．FinePix700の容積は267cm³とメガピクセル機最小であり，旧世代の35万画素クラスに比べても十分に小さかった．また，重量も245gと自社のPinepix500が4カ月後に出るまで最軽量であった．これも35万画素機の平均以下となる軽さであった．

　FinePix700設計チームは3つの目標（メガピクセル，小型先進デザイン，価格）をバランスさせ，大ヒット製品に結びつけることができた．これを実現していったのは，第一線（現場）の技術者であり，これをまとめた製品責任者という「人」の力であった．とりわけ本事例において焦点をあてた岩部部長のリーダーシップが製品企画・デザイン・製品設計をうまくまとめていったことは見過ごすことができない．製品開発の最終局面で，サブリーダー格の曽我孝主任技師とともに徹夜覚悟のチームメンバーに肉まんをふるまったとの逸話が紹介されている．設計メンバーに対する暖かさと，売れる製品への頑固なこだわり，そして製品仕様のバランス感覚に，市場・設計・製造の実際を熟知した岩部部長の生きた技術経営をみることができよう．とりわけ製品責任者としての担当製品をヒットさせるという熱い想いが製品開発成功の要因

となったことは，長沢らの研究による自動車業界におけるプロダクトマネージャーのプロジェクト成功例と共通するものがある．

3.5 富士写真フイルムの競争優位性

　FinePix700の成功では，第一線での製品マネジメントとしての技術経営の成功例を見ることができた．しかし，事業としてみた場合は，このようなヒット製品を連続して生み出し続けていかなければならない．すなわち，事業成功のための技術経営が必要となる．

　富士写真フイルムは，後述のように国内におけるデジタルカメラのトップシェアを1998年以来継続している．この競争優位性はどこにあるのだろうか．以下，考察してみたい．

3.5.1 自社グループによるキーテクノロジーの保有

　図表3-7はデジタルカメラの構成図である．撮影時には光学系（レンズ）から入ってきた画像をCCDなどの撮像素子に受ける．撮像素子から出力された信号は撮像信号処理部でデジタル化され，JPEG圧縮後あるいはそのままメモリカード（通常フラッシュメモリを使用）に記録される．これらの信号の流れや露出やフォーカスといったカメラの動作はカメラ制御部によって制御される．CCDからのデータやメモリカードへの書き込みデータの一時記憶用にバッファメモリ（通常DRAMを使用）がある．また，周辺装置として，画像をモニターするLCD（液晶）モニター，カメラ全体に電源を供給する電源回路および電池がある．

　デジタルカメラは，これらの部品を組み合わせたシステムである．富士写真フイルムのデジタルカメラメーカーとしての特徴は，これらの要素部品の多くを自社グループ内に保有していたことである．図表3-8を示しながら岩部部長は以下のように説明している．

> 「案外デジタルカメラに必要な材料とか，そういうものも，グループを見回しますと結構持っているということが分かりました．
> 　1つは，レンズです．これからますます必要とされる光学技術のグループ会社

66　第3章　富士写真フイルムのデジタルカメラ事業

図表3-7　デジタルカメラの部品構成図

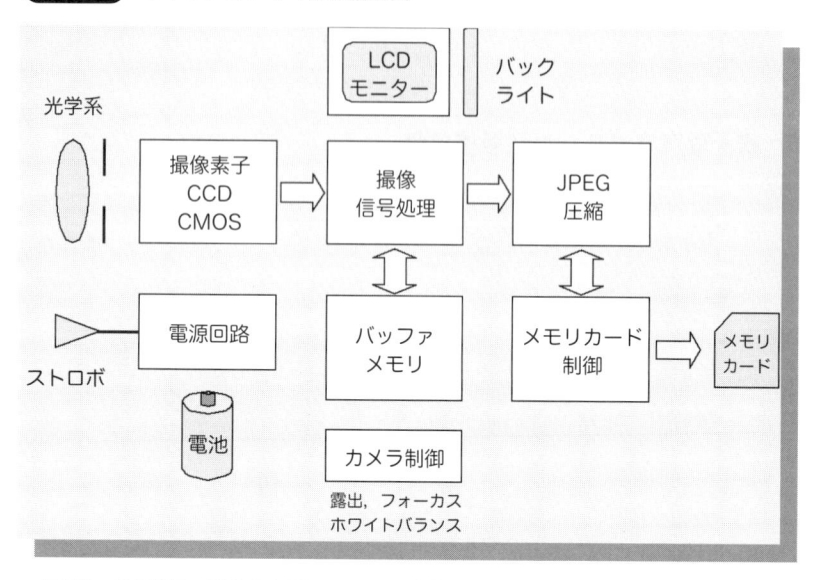

光学系
LCDモニター
バックライト
撮像素子 CCD CMOS
撮像信号処理
JPEG圧縮
ストロボ
電源回路
電池
バッファメモリ
メモリカード制御
メモリカード
カメラ制御
露出，フォーカス
ホワイトバランス

（出典）　岩部部長・早稲田ビジネススクール講演資料を筆者改変

図表3-8　富士写真フイルムの自社保有技術

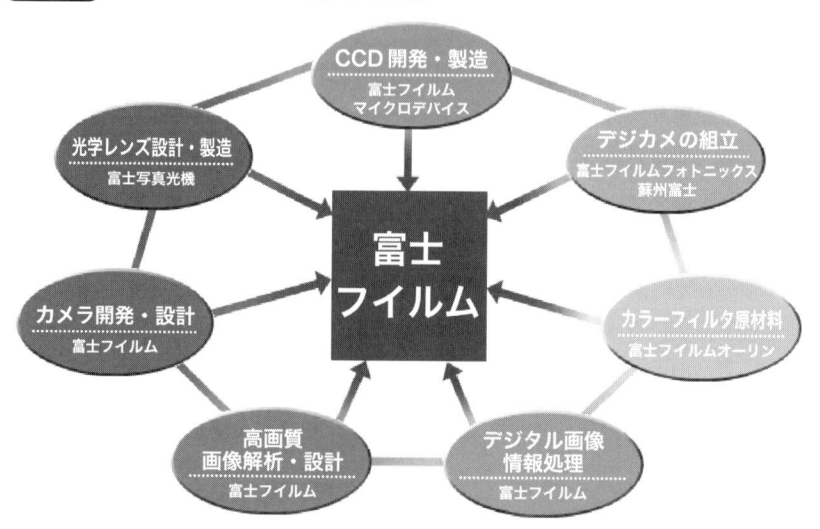

富士フイルム

- CCD開発・製造　富士フイルムマイクロデバイス
- 光学レンズ設計・製造　富士写真光機
- カメラ開発・設計　富士フイルム
- 高画質画像解析・設計　富士フイルム
- デジタル画像情報処理　富士フイルム
- カラーフィルタ原材料　富士フイルムオーリン
- デジカメの組立　富士フイルムフォトニックス　蘇州富士

（出典）　岩部部長・早稲田ビジネススクール講演資料

があります．1990年ぐらいに富士フイルムマイクロデバイスというCCDを開発する会社をつくりました．それと，仙台と中国に組立工場ももっております．それと，カラーフィルター．カラーの写真を撮る上ではRGBの原色のフィルターを作ることが非常に重要ですけども，そういうフィルターの材料をもっております．それと，今の電子映像とか，一般のフィルムを現像してプリントするのは，あれは皆さんまだフィルムを使ってアナログ処理をされていると思われている方もいらっしゃるかも分かりませんけど，もう10年ぐらい前から焼き付けのところは完全にデジタル化が進んでおります．フィルムで撮った情報をデジタル信号に落として，それでプリントをやっています．失敗写真もたくさんあるんですけども，それをいかにプリントにする時に復元するか．そういう技術が中にあります．画質の解析技術，それと，私が今所属している電子映像というところがカメラの設計をします．

これに欠けているのは，液晶とバッテリーですか．それがちょっとグループの中にないんですけど，液晶も分解してみますと，結構わが社の材料が使われています．名前は富士フイルムなんですけども，調べてみるとデジカメについて，中でいろんなものをもっているということが分かりました」

富士写真フイルムは，FinePix700開発にいたる過程でデジタルカメラの要素技術や要素部品という技術資産を次第に蓄積していたのである．本来フィルム事業が本業であったが，それを支えるための周辺事業がデジタルカメラ事業にいたる溝を埋めていたと言える．しかし，それは偶然にそうなったのではない．CCD専業会社である富士写真マイクロデバイスの設立に見られるように，経営戦略的な判断がもたらしたと考えられる．富士写真フイルムは，なにゆえこのような多角的な事業展開に成功していたのだろうか．宗雪元社長は，これを同社の社風と説明する．

「富士写は『雨の兆候』にとても敏感な会社なんですね．いまは青空で快晴でも，どこか雲行きが怪しいところはないかが気になり，何か手を打とうとする．技術の感受性が強いというのは，創業以来の一つの伝統だと思います」(『日経ビジネス』，1997年11月17日号，pp.33－34から転載)

富士写真フイルムは，「雨の兆候」をかえって事業拡大のチャンスとらえて積極的

に手を打ってきた．必要な技術を取り入れるためには，純血主義にはこだわらない．前述のように，写真のデジタル化対応のために，多くの電子や機械技術者を中途採用者として受け入れたのである．これは一つの技術経営のやり方として，おおいに参考になる事例と考えられる．

ところで，なぜ自社に要素技術を持つことが競争優位性につながるのか．

デジタルカメラはレンズ，撮像素子(CCD，CMOSセンサー)，半導体(アナログ・フロント・エンドIC，信号処理LSI，マイコン，メモリ)，液晶ディスプレー，電源(電池，電源IC)といった要素技術を組み合わせたシステム製品である．さらにその組み合わせ方(商品企画，設計)がメーカーの特徴を支配し，組み合わせの実現方法(部品選択，実装技術)がコストを支配する．これらは一連の価値連鎖(バリューチェーン)を構成している．バリューチェーンの視点から見ると，要素技術の自社保有はどこに価値を置くか自社で決定できる裁量範囲を広げられることと言ってよい．さらに，もうひとつ見逃してならないのは開発スピードである．スピードに関して岩部部長は次のように述べている．

「デジタルカメラとか民生用の機器は，年に国内で大体2回から3回，海外は2回ほどのビジネスチャンスがあると言われています．今まさに欧米ではクリスマス商戦，こういう時期にあります．クリスマスケーキと一緒で，発売の時期を逃すと商品性がまったくなくなってしまうということで，決められたところに1日たがわず作り上げる．そういうスピードが要求されております．それも，特徴のない商品ですと価格競争に巻き込まれるということで，特徴のあるカメラをいかにタイムリーに作れるかということです」

商品企画から製品の販売にいたるまでの時間は短いほうが，市場の要求を逃さない可能性が高い．すなわちバリューチェーンの回転をいかに速くまわすかが競争優位性につながる．経営者の判断による資源の傾斜投資によってスピードは稼げる．これは他社とのアライアンスのよる部品調達より，同じ経営者による意思決定によるほうがはるかに容易であろう．要素技術の自社保有の利点はスピードにもある．

富士写真フイルムは，CCDの内製化によって，特徴あるCCDを生み出せるようになった．すなわち，他社に先駆けた高画素CCDやその後開発されたハニカムCCDである．また，実装の内製化で設計から製造までのスピードを短縮し，タイム

リーな市場投入を実現している．

当時のデジタルカメラ事業のように製品性能が消費者の要求にまだ達していない状況においては，このような統合化は性能向上のスピードによって他社への優位性確立に寄与することは，クリステンセン（2003年）も述べている．

3.5.2 技術開発力とマーケティング力の結合

富士写真フイルムのアナログまたはデジタル方式の電子カメラ参入は，業務用のハイエンド機からであった．図表3-9は，第1号機であるES-1以降の発表機種を年ごとにまとめたものである．1995年3月のカシオ計算機QV-10登場による一般消費者向けデジタルカメラ市場の幕開けまでに，10年以上の電子カメラ製作の経験を積んでいた．この蓄積が，1年4カ月遅れのDS-7投入，さらにはその2年後のFinePix700へつながっていった．

技術力の指標として，特許出願状況をみてみたい．図表3-10は，1997年1月から2004年3月までのデジタルカメラに関連する日本国内の特許・実用新案公開件数である．「電子スチルカメラ」および「デジタルカメラ」で検索した全5217件中，富士写真フイルムの出願公開件数は665件(12.7%)と首位を占める．続いて，キヤノン(556件，10.7%)，ミノルタ(499件，9.6%)となり，この3社で全体のほぼ1/3を占めていることがわかる．デジタルカメラの分野で富士写真フイルムが技術的にもリーディング企業である1つの証拠といえるのではないだろうか．

さて，なぜ富士写真フイルムはデジタルカメラにおいて豊富な知的財産をもつようになったのか．3つの理由が考えられる．

1つ目は，デジタルカメラ事業が業務用という仕様の厳しいハイエンドから参入した歴史をもつことである．ハイエンド機では技術を自分で開拓していかねばならない．つまり技術の最先端にいたことで，自ら技術を生み出していった結果が特許出願に表れていると考えられる．

2つ目は，参入時期の早さである．1980年代初めより電子カメラやデジタル画像処理技術を研究し始めており，特許を出せるだけの技術的・人的リソースが豊富であったと考えられる．

3つ目は，要素技術の自社保有である．CCDや実装方法，プリント技術にかかわる広範囲な特許を関連技術として出願している．

図表3-9 富士写真フイルムのデジタルカメラ発売機種一覧(1987〜2000年)

方式 年	アナログ 電子スチルカメラ	業務用 デジタルスチルカメラ	一般消費者用 デジタルスチルカメラ
1987	ES-1		
1988	ES-20		DS-1P*
1989	ES-30TW	DS-X	
1990			
1991		DS-100	
1992			
1993		DS-200F	
1994			
1995		DS-505 DS-515	
1996		DS-505A	DS-7 DS-8
1997		DS-300 HC-300	DS-20 DS-30
1998		DS-250HD DS-330 DS-560 DS-565 HC-300Z	FinePix700 CLIP-IT50 FinePix500 CLIP-IT80 FinePix600Z
1999		DS-260HD	FinePix2700 FinePix2900Z FinePix1500 FinePix1700Z FinePix1200
2000		DS-230HD FinePixS1Pro	FinePix1400Z FinePix4700Z FinePix40i FinePix4900Z FinePix1300 FinePix4500 FinePix2500Z

(出典) 富士写真フイルムWebサイトから筆者作成, 2004　　＊開発は発表されたが，未発売．

　このような技術力が，一般消費者の欲求を知るマーケティングと結びついたとき，FinePix700のような大ヒット商品が生まれた．これをもたらす商品企画部門と設計部門の意見交換の場として，富士写真フイルムでは合同での社外合宿が行われているという．オフサイトでの集中した合宿では，「柔軟な発想」「結束感」が得られ，必ず

3.5 富士写真フイルムの競争優位性

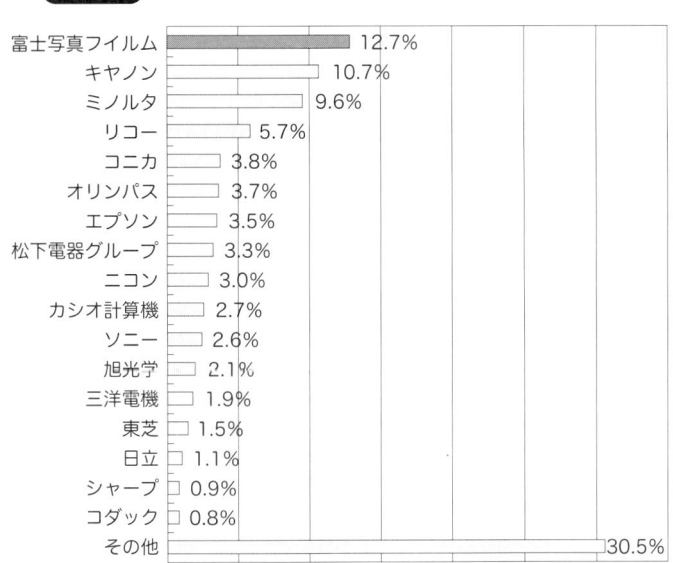

図表3-10 デジタルカメラ各社の特許・実用新案公開件数(1997～2004年)

会社	割合
富士写真フイルム	12.7%
キヤノン	10.7%
ミノルタ	9.6%
リコー	5.7%
コニカ	3.8%
オリンパス	3.7%
エプソン	3.5%
松下電器グループ	3.3%
ニコン	3.0%
カシオ計算機	2.7%
ソニー	2.6%
旭光学	2.1%
三洋電機	1.9%
東芝	1.5%
日立	1.1%
シャープ	0.9%
コダック	0.8%
その他	30.5%

(出典) 特許庁統計データベースから筆者作成，2004年3月時点

結論が得られるという効果あると参加者は語っている．

　富士写真フイルムにおけるマーケティングの強さは，同社がコンパクトカメラにおいても当時からトップ企業の1つであったことも見逃せない事実である．カシオ計算機QV-10発表後の企業の大量参入にあって主要なプレーヤーは基本的にコンパクトカメラメーカー(富士写真フイルム，オリンパス，キヤノン，コニカ，旭光学，ミノルタなど)とビデオカメラメーカー(ソニー，ビクター，松下，東芝，日立など)であった．それぞれの要素技術がデジタルカメラに流用できるものが多かったからである．QV-10のデザインから消費者はデジタルカメラをコンパクトカメラの代替品と位置づけた．販売店の認識も同じであり，コンパクトカメラに隣接して展示するのが通常だった．

　図表3-11は，コンパクトカメラが国内において最大の出荷台数を記録した1997年の出荷数量ベースのメーカーシェアである．この年以降は，デジタルカメラに出荷台数を奪われていくことになる．この図表と先に示した図表3-2(2002年におけるデジタルカメラ国内シェア)を見ると，コンパクトカメラ上位の各社がデジタルカメ

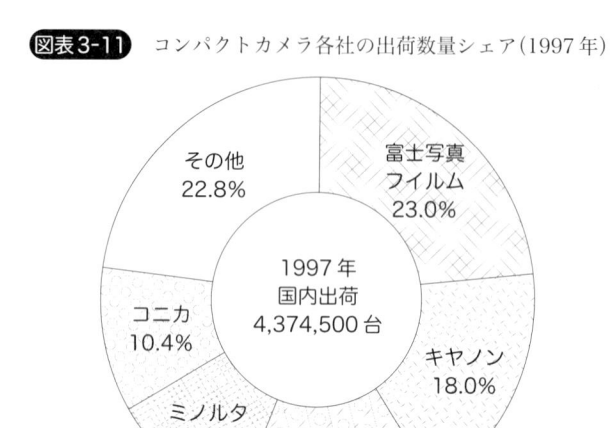

図表3-11 コンパクトカメラ各社の出荷数量シェア(1997年)

- 富士写真フイルム 23.0%
- キヤノン 18.0%
- オリンパス 15.1%
- ミノルタ 10.7%
- コニカ 10.4%
- その他 22.8%

1997年 国内出荷 4,374,500台

（出典）『市場占有率』，日本経済新聞社，1999より筆者作成

ラでも上位に残っている点に気付く．例外は，ビデオカメラから参入のソニーとデジタルカメラ先行開発者のカシオ計算機である．すなわち，コンパクトカメラで培ったマーケティング力がデジタルカメラでも生きたといえるのではないだろうか．この根拠として次の二点をあげておく．

　まず1つ目として，キヤノンの成功が一例としてあげられる．キヤノンはデジタルカメラメーカーとしては当初先行していなかった．しかし，コンパクトカメラでヒットしたIXYシリーズのブランドネームとデザインを，2000年5月のIXYデジタルとして活用したことでトップグループの一員に躍り出た．

　2つ目の根拠として，デジタルカメラの販路をあげたい．デジタルカメラは，かなりの比率で，いわゆるカメラ量販店(ヨドバシカメラ，さくらや，ビックカメラなど)経由で売れていると思われる．カメラ量販店は，もともとコンパクトカメラや一眼レフカメラを主要商品として取り扱っていた歴史から，市場飽和傾向にあったコンパクトカメラに対して将来性のある代替品としてデジタルカメラを積極的に拡販していったと考えられる．この販路に強かったコンパクトカメラメーカーが，カメラ量販店をアンテナとしてうまく活用しながらデジタルカメラを開発していった．実際，FinePix700のコンセプトの一つとして，「高級コンパクトカメラサイズ」を目標にし

ていた．

既存のチャネルの強さが，いわばコンパクトカメラ参入勢の今日の大勝利をもたらした原動力となったと考えてよいのではないか．特に富士写真フイルムはコンパクトカメラのトップシェア企業として，デジタルカメラ初期から強大なマーケティング力を持っていたのである．

技術力とマーケティング力，これらは事業成功のためには必須のコンピテンスである．新しく生まれたデジタルカメラ市場は，富士写真フイルムにとって本業に隣接した市場であった．デジタルカメラを意図的にコンパクトカメラの高級代替製品として位置付けることで，同一の市場とすることに成功した．このことで既存市場でのリーダー企業の優位性を活かせたといえるのではないだろうか．すなわち，デジタルカメラはコンパクトカメラメーカー，少なくとも富士写真フイルム，にとっては，「破壊的技術」ではなく「持続的技術」であった．

3.5.3 時間軸

企業には固有の時間軸があると言われる．例えば，研究開発から商品化までに10年単位の時間を要する製薬業界と3ヶ月単位で新製品が入れ替わるパソコン業界では自ずと時間軸は異なる．富士写真フイルムは元来フィルム製造という化学業界を事業ドメインとする企業であった．岩部部長の言を借りると「材料は開発するだけで2年，素材開発で長いものは10年くらいかかる」というように，時間軸が長い．一方デジタルカメラはパソコン同様数カ月で新製品と入れ替るほど，短い時間軸で業界が動いている．他社の動向を見ながら，開発中の次機種での対応を検討しなければならない事態も出てくる．

このように，極端に違う時間軸が富士写真フイルムのデジタルカメラ事業のなかでどのように働いたのであろうか．富士写真フイルムの電子カメラ研究は，1985年くらいから始まっている．ところが実際に事業が軌道に乗ったのは，1998年のFinePix700以降と考えられる．すなわち，10数年に渡って，収益面では厳しい状況が続いたものと推測される．この間，経営者はなぜ事業撤退の意思決定をおこなわなかったのか．

このような疑問に対して岩部部長は，次のように答えている．

「今の時点で思いますのは，上のほうの直感と，それと信念があったと思います．フィルムの世界では富士フイルムに対してコダックというのが『巨人コダック』と言われていまして，コダックは富士フイルムの先生なんです．そこと，戦後ずっと競争してきまして，ISO感度の競争の時に，ISO400というフィルムをコダックに先駆けて開発した時期があります．初めて国産のメーカーがコダックに技術的に勝ったという状態がありました．それを推進・開発した人が，電子映像の責任者になられました．フィルムとか化学材料の良さも承知だけども，一方，やはり欠点というか問題点は多々あるということも身をもって感じられていたので，後処理(プリント)はもうかなり初期からデジタル化が進んでおりました．

化学の材料ですと開発するだけで2年とか，素材開発で長いものは10年ぐらいかかるらしいんです．やっても，商品化もまた数年かかるということで，それに対してデジタルの速さと処理の多様さというのは，こりゃかなわんというのが分かっていたと思うので，いずれは入力の部分に，必ず来るというふうに感じられていたんだと思います」

すなわち，銀塩フイルム事業を熟知した事業トップがアナログ技術の限界を知り，「入力(＝カメラ)に必ずデジタル化の波は来る」という信念をもったことが，事業継続のキーポイントであった．長い時間軸で判断できる経営者の視点が重要であったということである．この判断にあたっては，自社がコンパクトカメラのトップシェア企業であったことも重要であろうし，コンパクトカメラの収益でカメラ事業全体が支えられていたという側面もあろう．

一方，数カ月単位の新製品発表という短い時間軸は，どのようにして富士写真フイルムにもたらされたのだろう．これをもたらしたのは，1986年以来大量に参加した岩部部長を始めとする中途採用者ではなかっただろうか．彼らは電子業界やソフトウェア業界という短い時間軸の企業から転進してきた．これらの技術者が製品開発の第一線に立って，短い開発期間で新製品開発を次々と行っていった．短い時間軸の文化を富士写真フイルムに移植したのである．実際，1998年以降新製品開発のペースは次第に早まっており，1998年の4機種から2003年は17機種を発売するにいたっている．

富士写真フイルムの強みは，長い時間軸で経営判断できる経営者と，製品開発に短い時間軸もたらした外部参加の技術者の組み合わせにあるのではないだろうか．

3.6 富士写真フイルムのめざすデジタルカメラ事業

3.6.1 デジタルカメラ業界の成長性

2004年現在，デジタルカメラは600万画素機が一般消費者向けに登場し，さらに上級の1眼レフタイプも10数万円までの低価格化が実現されている．クリステンセン(2001)が指摘したように，既存製品が新しい破壊的製品に置き換わっていくひとつの過程である性能がユーザーの要求を上回る状況になっているのだろうか．岩部部長はこれを否定して次のように語っている．

> 「コンシューマー向けの100万画素のDSCの歴史はまだ始まったばかりで，5年ぐらいしかたっておりません．まだまだ画質の改善というのは課題が多く残っております．それとカメラ技術という使いやすさ，オートの性能とか操作性がどうかといったようなトータルシステムで提供する商品力．デジタルカメラ単体で売るという時代じゃなくなって，いろんなサービスを共にやるような問題．あとは，当然ですけれども，高品質というか，コスト力がある．これから競争がますます激しくなっていって，これらを兼ね備えているメーカーが，最終的には生き残るんだろうというふうに思っております」

デジタルカメラは成熟した製品ではなく，製品そのものにしろ，サービス提供方法にしろまだまだ改善していく余地を多く残した製品であるとの考えである．

確かに一般消費者向け市場が開拓された1997年以来，出荷台数は毎年大幅な伸びを示している．各年の成長率もほぼ40％以上の実績を残しており，CIPA予測では2004年も40％の伸びが予想されている．2000年以降の地域別の成長率を見てみると，日本国内の成長率は低下傾向にある(それでも2003年において30％の成長率であるが)．これに引き替え，ヨーロッパとアジアの市場成長が著しく，2002，2003年連続で100％を越える．つまり，前年比2倍以上の成長を遂げている．また，北米も60％から70％の成長率であり，ワールドワイドで見た市場はまだ飽和していないと見ることができる．したがって，デジタルカメラメーカーが，今後も生き残るた

めには，海外，特にヨーロッパ，アジア(主として中国)へ魅力ある製品を送りこむことが課題となろう．

3.6.2 カメラ付き携帯電話の挑戦

ところで，本当にデジタルカメラの性能がユーザーの要求を上回る状況にはないのだろうか．

国内市場においては，ローエンド機といえる200万画素以下のカテゴリーはすでにカメラ付き携帯電話の挑戦を受けている．これらは市場から歓迎されており，単機能のデジタルカメラからの乗り換えは現実のものとなっている．まだカメラとしての性能は貧弱であるが，これらが市場に受け入れられるということは画質はこれで十分だという層が存在することを示している．カメラ付き携帯電話は，今後ソフトウェア技術を含めたエレクトロニクスの発達により画質は次第に改善していくであろう．同時に画素数も上がっていくだろう．

この挑戦に対してデジタルカメラはどのような戦略を採るのだろうか．岩部部長は次のように語っている．

> 「(カメラ付き携帯電話には)いろいろな意味での限界があるというふうに考えています．
>
> 　1つは，昨年はいろんなメーカーさんが手を挙げられたんですけど，今年の結果を見ると，やはりレンズを持っていないところは商品化に失敗しています．17万画素ぐらいですと，1枚のレンズでそこそこ写るんです．ですけど，VGAからメガに行きますと，そこに壁がありまして，絵にならないというのがあります．
>
> 　それと，あの中にズーム機を入れるというのが提案されていますけれども，非常に大きいです．今年から来年にかけては携帯に付いたデジカメがどう評価されるか，まさに結果が出る時だと思いますので，そういうスペック競争だとか，そういうものが受け入れられるかどうかというのを見極めたいというふうに思っています．
>
> 　大きくなりますと消費電力とか，カメラを撮っているうちに携帯が使えなくなったというふうにならないようにする必要があるので，真価が問われるのは今

年から来年かなと思っています．
　ただ，デジカメのほうが逆に，単焦点の携帯で撮れるようなそういうものと競争するのも，もう無意味なんじゃないかなと思っています．棲み分けだと思います」

　今のところ富士写真フイルムは，携帯電話が攻め込んできたローエンドであえて戦うことはせず，デジタルカメラの画質の良さや機能の多様性を訴求点として顧客要求をさらに高くしていく戦略と考えられる．クリステンセン(2001)のいう「機能に対する市場の需要を変化させる」戦略オプションである．デジタルカメラ専業の富士写真フイルムやオリンパスなどと，デジタルカメラと携帯電話の両方をもつソニーや松下電器では対応も異なるであろう．この新たな挑戦者の出現に対し，デジタルカメラ各社がどのような経営戦略を採っていくか興味深いところである．

3.6.3 富士写真フイルムのデジタルカメラの方向性

　前述のように富士写真フイルムは，「デジタルカメラはまだ始まったばかり」，「まだやることはたくさんある」との認識である．具体的には，どのような方向に向かうのか．岩部部長は次のようなこだわりを述べている．
　(1)　プリント画質へのこだわり：トリミングや大サイズプリントもできる画質
　(2)　コンパクトさへのこだわり：女性層でも簡単に持ち歩けるようなサイズ
　(3)　使いやすさへのこだわり：デジタルカメラの特徴を使いやすさに
　実現するための技術課題として，次の5点をあげた．
(1)より高画素に，(2)より高感度に，(3)省電力，(4)価格，(5)付加機能
　このなかでプリントへのこだわりは富士写真フイルムらしい視点である．この理由として，岩部部長は次のような見解を述べている．

「プリントは，むしろ増えていく．まだ賛否両論なんですけれども，電子映像になったらプリントが減るということをかたくなに言っている人がいるんです．私はかたくなに否定しているほうです．増えるようなサービス提供もしないと駄目だし，そういうインフラづくりをすることも必要だと思いますけれども，増えるというふうに確信をしています．

> その根拠は，皆さんが電車とかいろんなところに乗られたら，若い女性の人とか女子高生は座ると何をやっているかというと，今は携帯ですけれども，携帯をやらない合間は，写真とかプリクラを見ています．若い人の間でプリントを見るという文化はまだ失われていない．われわれは努力もしないと駄目だと思いますけど，プリントをもっともっと気軽に，高品質のものをリーズナブルな値段で提供できるようになれば，必ずプリントは広がっていくんじゃないか．
>
> シャッターチャンスは大体10倍から20倍ぐらい，デジカメのほうが多いと言われているんです．ですから，10分の1のプリントリターンでも，フィルムカメラと同じようなプリントに戻ってくるというふうに考えています」

プリントという文化は，若い人の間でまだ失われていない．もっと品質と価格を改善していくことで，デジタルカメラの時代においてもプリントは市場価値を持ち続ける．カメラとプリントの両方に強みを持つ富士写真フイルムのコンピテンスは，今後も継続するとの考えである．同社のデジタルカメラの将来に関して，早稲田大学における講演を岩部部長はこう締めくくっている．

> 「1つは，まったく新しいコンセプトといいますか，そういう市場をつくり出すこと．これができれば素晴らしいことだとは思うんですけども，なかなか無から有というのは難しい．今，ネタ探しをしていても，難しいなと思っています．
>
> もう1つのやり方としては，今日ご紹介したFinePix700のように実例はあるんだけど，それをいかに民生とか，もっと身近な人に仕えるような形に落としていくか．それには，どういう技術開発が必要であるか．これは無から有を生じるよりはもう少しやさしいテーマかなと思っています．1つとしてはセミ版のCCD，あの大きさはちょっと民生用にはここ数年では無理だと思いますけれども，こういうような画質が撮れるような，こういうプリントができるようなカメラを民生用に落としていくということも，そんなに突拍子もない夢じゃないんじゃないかなと思っております．現に，数年前に100万円ぐらいしていた一眼レフのカメラが，今は1000ドルとか12万円ぐらいで売られるようになっていますし，これが5万円を切るようになるのは，あと数年，もっと早いかも分かりません」

岩部部長は講演において，「社内では，正直言いますと，フィルムがどこまでもつかというのを問題提起した絵ですけれども」というコメントとともに，上記のセミ版CCDで撮った巨大な写真(約2m×2m)を紹介してくれた．その繊細な画質とサイズに聴講者のあいだでどよめきがあがった．これを一般消費者向けに製品化していきたいというのである．

富士写真フイルムの特徴は，業務用デジタルカメラ事業をもっていることとプリント事業をもっていることである．業務用ではすでに2000万画素CCD(記録画素では4100万画素)をもつセミ版カメラを実現している．また，この性能をフルに表現できるプリント技術ももつ．最先端の技術をもつ強みを生かすというのが富士写真フイルムの戦略であろう．

3.7 成功のポイント

1998年から1999年にかけての大ヒット商品となったFinePix700の開発，および富士写真フイルムのデジタルカメラ事業の成功要因について，次のようにまとめることができる．

3.7.1 FinePix700成功のポイント

(1) 製品責任者による生きた技術経営

市場・設計・製造の現場を熟知した岩部部長の製品責任者としての存在は，製品開発において不可欠であった．売れる製品への頑固なこだわりと製品企画，デザイン，設計担当といったプロジェクトメンバーに対する暖かさで，現場のリーダーとして生きた技術経営を実践した．

(2) 製品コンセプトへのこだわり

FinePix700はメガピクセルCCDによる銀塩写真にならぶ高画質，ポケットに入る小型デザイン，10万円を切る価格設定の三点を製品コンセプトとした．これは，デジタルカメラ事業を始めた1988年以来，富士写真フイルムの一般消費者に向けた製品ターゲットだった．この三点をバランスよく実際の製品に表現できたことが消費者の支持を得た．

(3) デザインへのこだわり

製品責任者岩部氏は，本製品のデザインをデザイン部門に一任した．従来頻繁におこなわれた設計からのデザイン変更要求は行わないことを約束し，デザイナーのやる気を喚起した．デザイナーが提案した独創的な縦型デザインについても，さらにクオリティーをあげるよう要求するほどデザインへのこだわりをもった．提案された先進的縦型デザインの市場性検証のため，製品企画担当はアンケート調査などの科学的分析ツールを活用して市場性を担保した．

3.7.2 富士写真フイルムデジタルカメラ事業成功のポイント

(1) 自社グループによるキーテクノロジーの保有

CCDの設計・製造能力，レンズ設計・供給能力，デジタルカメラの製造能力といったデジタルカメラの開発に欠かすことのない技術を，市場が立ち上がる10年以上前から自社グループ内に育てていった．技術の統合化という技術戦略は，製品性能においていちはやく他社をリードし競争優位性を築くのに寄与した．

(2) 技術開発力とマーケティング力の結合

業務用デジタルカメラの経験，デジタル画像処理関連技術の先行といった技術力とコンパクトカメラでのリーダーであったというマーケティング力の結合によって，市場ニーズを的確に製品に結びつけると同時に強大な販路を確保していた．

(3) 経営者の時間軸と技術者の時間軸の並存

デジタルカメラ事業の将来性を見越した経営者の先見性と一貫性のある技術経営は，長い低収益の時期にもかかわらず事業を成功に導く背景となった．一方，中途採用などで集結した第一線の技術者のオペレーション力は，デジタルカメラに要求される短い製品開発サイクル実現への原動力となった．この2つの時間軸の並存は，同社のデジタルカメラ事業成功の両輪であった．

(注記) CCDの画素数表示には総画素数，有効画素数，記録画素数，出力画素数がある．現在では有効画素数の表示が一般的であるが，本論の取り扱う1998年以前は総画素数の表示が一般的であった．このため，本論の画素数表記は総画素数で統一した．各画素数の定義は，CIPA発行の『デジタルカメラのカタログ等表記に関するガイドライン JCIA GLA03』を参照されたい(http://www.cipa.jp/hyoujunka/kikaku/JCIA_GLA03.pdf)．

> これについて
> 考えてみよう！！

―《ディスカッションテーマ案》――――――――――
・戦略的製品の開発を成功に導く，現場を知る製品責任者のリーダーシップとして要求される具体的な内容について．
・技術統合化の事業判断と長い時間軸でその戦略を継続できる経営者の技術経営能力がどのような事業あるいは状況下で有効であるかについて．
・岩部和記部長のFinePix開発当初の反対理由と翻意の理由について．
・デジタルカメラの商品開発と家電製品の商品開発の共通点と相違点について．

〈参考文献〉

[1] 青島矢一：「デジタルスチルカメラ」，『一橋ビジネスレビュー』，51巻2号，2003年．
[2] 青島矢一：「オリンパス光学工業」，『一橋ビジネスレビュー』，51巻2号，2003年．
[3] 伊丹敬幸，一橋MBA戦略ワークショップ：「企業戦略白書II，第5章『市場創造の成功要因：日本が創ったデジタルカメラ市場』(土屋友和，劉玲利担当)」，東洋経済新報社，2003年．
[4] カメラ映像機器工業会Webサイト http://www.cipa.jp/data/dizital.html
[5] カシオ計算機Webサイト http://www.casio.co.jp/
[6] 川端康生：「ヒット商品は『脱・日常の雑事』から生まれる」，『プレジデント』，プレジデント社，2000年10月2日号．
[7] クリステンセン・クレイトン(Christensen, Clayton M.)：『イノベーションのジレンマ』(玉田俊平太，伊豆原弓訳)，翔泳社，2001年．
[8] クリステンヤン・クレイトン(Christensen, Clayton M.)，レイナー・マイケル(Raynor, Michael E.)：『イノベーションへの解』(玉田俊平太，櫻井祐子訳)，翔泳社，2003年，

［9］ 曽我孝，松尾淳一，小西正弘，岩部和記：「140万画素CCDを搭載したデジタルカメラ"DS‐300"の開発」，『富士写真フイルム研究報告』，No.43，pp.68－71，1998年．

［10］ 曽我孝，岩部和記：「150万画素小型デジタルカメラFinePix700の開発」，『富士写真フイルム研究報告』，No.44，pp.14－22，1999年．

［11］ 「カメラ超進化」，『週刊ダイヤモンド』，91巻28号，ダイヤモンド社，2003年7月19日．

［12］ 特許庁webサイト http://www.jpo.go.jp/shiryou/index.htm

［13］ 長沢伸也，木野龍太郎：『日産らしさ，ホンダらしさ』，同友館，2004年．

［14］ 日経産業新聞社編：『市場占有率 各年版』，日本経済新聞社，1996年，1997年，1998年，1999年，2000年，2001年，2002年，2003年．

［15］ 「銀塩カメラの呪縛が解かれる日」，『日経デザイン』，日経BP社，2000年2月号，pp.28－33．

［16］ 「富士写真フイルム 巨人を悩ますデジタル包囲網」，『日経ビジネス』，日経BP社，1997年11月17日号，pp.33－34．

［17］ 「経営陣よ『目測』を磨け 事業も組織も鮮度が命だ」，『日経ビジネス』，日経BP社，2002年1月14日号．

［18］ 「薄くて頑丈で魅力的な筐体」，『日経メカニカル』，No.544，日経BP社，2000年，p57．

［19］ 平田貞代：「デジタルカメラ開発の技術管理に関する研究」，早稲田大学アジア太平洋研究科 修士論文，2004年．

［20］ 富士写真フイルムWebサイト http://www.fujifilm.co.jp/indexh.html

［21］ 芳尾太郎：「開発ストーリ ディジタル・スチル・カメラ」，『日経エレクトロニクス』，776号，777号，778号，779号，780号，日経BP社，2000年．

［22］ PC Watch「デジカメ関連記事」インプレスウォッチWebサイト http://pc.watch.impress.co.jp/docs/article/digicame/dindex.htm

第4章 日産「X-TRAIL」の開発
―顧客の目線を冷静にとらえた熱い想い―

※本章は，長沢伸也教授が1999年9月に行った日産自動車㈱の清水主管へのヒアリングと，同じく長沢伸也教授が2002年1月に行った日産自動車㈱の戸井CPSへのヒアリング内容をもとに，筆者が分析・考察などを加えたものである．

4.1 はじめに

　本章では，日産のSUV (Sports Utility Vehicle) である「X-TRAIL」（エクストレイル，カバーカラー写真上段右列および上掲写真）の商品開発に携わった清水主管，戸井CPSからのヒアリングをもとに，その成功のポイントを明らかにする．なお，両氏の肩書はいずれもヒアリング当時のものである．

　「X-TRAIL」はこれまでとまったく異なったアプローチから，ターゲットとする顧客層にとって本当に使い勝手のいいリーズナブルな本格4駆として開発され，2000年の発売以来高い評判を維持している．図表4-1のように，「X-TRAIL」は世界160カ国で年間14万台を販売するグローバル戦略車であり，日本市場では3年連続SUVカテゴリーNo.1となった．

　自動車の商品開発には，①企画，プランニングする段階，②実際に商品を作って売る生産から販売開始までの段階，③販売後モデルチェンジまで売上を維持していく段階，というフェーズがある．「X-TRAIL」はルノーとの提携以前の旧日産において企画がスタートしたが，当時の体制下で「X-TRAIL」のような斬新な商品開発が可能であった要因はなんだろうか．またルノーと提携後，1999年6月COOに就任した

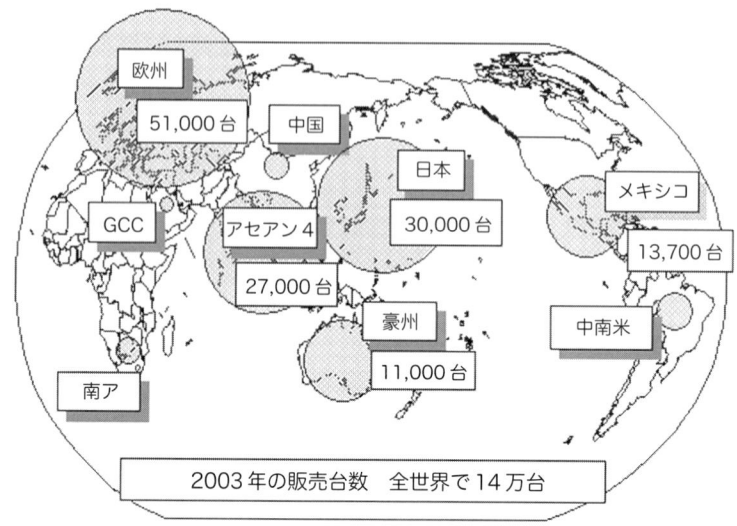

図表4-1 「X-TRAIL」販売実績

- 欧州　51,000台
- 中国
- GCC
- 日本　30,000台
- アセアン4　27,000台
- メキシコ　13,700台
- 豪州　11,000台
- 中南米
- 南ア

2003年の販売台数　全世界で14万台

（出典）戸井雅宏ほか著，神田範明編『顧客価値創造ハンドブック』，2004，日科技連出版社．

　カルロス・ゴーンが打ち出した「日産リバイバル・プラン(NRP)」(2000年10月)によって商品開発体制は大幅に変更されたが，「X-TRAIL」はその後も好調を維持している．体制変更を超えて商品開発を成功に導いた共通点はなにか．本章では，これら「X-TRAIL」成功のポイントを明らかにしたい．

　なお，「X-TRAIL」の開発については，清水哲夫氏が商品主管(当時，同社の開発体制の変更後はCPS)として，開発段階，発表発売，その後の販売促進を含め，2000年の発売後半年まで全責任を持って纏め上げた．戸井雅宏主担(当時)は，清水主管に一番近い立場で補佐し，清水主管からみればこのプロジェクトを纏め上げた最大の功績者の一人であった．X-TRAIL発売の半年後，清水CPSはフランス転勤となり，戸井主担がCPSに昇格した．2003年の同車のモデルチェンジは戸井CPSが責任者として進めている．なお，清水CPSは帰国後，商用車のCPSを経て，現在はDPD(次席プログラム・ディレクター)を務めている．

4.2 顧客のニーズを生かした商品開発

4.2.1 ねらいどおりに売れている「X-TRAIL」

「X-TRAIL」は国内SUVクラスにおける販売実績において3年連続1位であり，2002年には4万3,000台を記録し，2位の「RAV4」（トヨタ自動車）の2万3,000台を大きく引き離している．その後ヨーロッパでも発売を開始したが，年間3万台ペースで売上を伸ばしている．現在では世界150カ国で発売し，販売台数が当初予定の倍レベルと好調である．

これだけ好評を得ている理由について，戸井CPSは，「（顧客の）心に響いたから」と分析し，以下のように述べている．

> 「昭和30年代，40年代みたいに作ればとにかくそれしかなくて売れたというのではなくて，今は選択肢がめちゃくちゃある世の中です．お客さんの価値観も変わったし，センスもすごくよくなっている．そういう中で別に日産車を買う義理もないわけですから，どうしてお客さんに買っていただこうかというところですね．そこを要は社内の仕事をいくらやっても結局外からお金が入ってこないということなんですね，商売にならないと．じゃあなんでお客さんが買ってくれるかというと，なんか心に響いたからですよね．価値を認めてくれたから200万なり，300万なりのお金を払っていただけると．そういう意味で考えてみると，車を買っていただく理由を作る，あるいはそれを見つけるということは結局宝探しのようなものです．宝の山を見つけてきて，それを使ってある期間の中でいかに早くいいものを作って出すか．これが勝負になってくるわけです」

「X-TRAIL」は企画段階から開発期間中を通じて，顧客のニーズを最大限商品開発に生かすことを目標としていた．このようにして製品化された「X-TRAIL」は，「開発段階で予想したとおりのお客さんが買って，（期待したとおりの）評価をしてくれている」（戸井CPS）とのことである．「X-TRAIL」の開発チームは日本における自動車購買層を，縦軸にライフステージ（シングルアンドカップル，ファミリー，ホストファミリーなど），横軸に自動車購入に対する価値観（所有価値，ドライビング・プレジャー優先，レジャー志向，移動手段など）をとり，52項に分類した．そして2,800台という月間販売目標を達成するために，どういう顧客に何台購入してもらいたいか

図表4-2 初代「X-TRAIL」外観

（出典）　日産自動車株式会社

図表4-3 「X-TRAIL」室内

（出典）　日産自動車株式会社

という具体的な販売計画をたてている．実際に販売を開始してみると，開発当初のターゲットであった若者レジャー志向派や若者ファミリー層では予定数以上に売れており，ねらいどおりの結果となった．

「大きな誤算」であったのは，当初期待していなかった中年以上の顧客層で予想の倍以上売れていることである．「X-TRAIL」は，アウトドア・スポーツを楽しむ若者のニーズを開発に取り込んでいる．そのひとつが，「ウオッシャブル・ラゲッジ・ボード」であり，泥だらけの自転車や雪まみれのスノーボードをそのまま乗せることを想定し，荷台の床面がカーペットでなく水洗いできるようになっている．これが例えば子育てが終わった世代で比較的元気な層が，「夫婦2人でゴルフをやろう」とか，「DIYショップで植木を買っていくのに都合がいい」，「犬を乗せるのにいい」などの理由で

購入している．このように，「私たち（開発チーム）が想定していた以上の付加価値をお客さまが見つけてくれて，ご支援いただいているという分がプラスアルファになっている」（戸井CPS）のである．

　自動車メーカーは何十万人もの社員を抱え，大規模な工場設備を必要とし，開発から製造・販売といった過程のなかで何百億円という資金が流れる巨大産業である．しかし，「お金というのは，ただ社内で回しているだけではだめで，結局お客さまから買っていただいて得るものですから，いかにそのきっかけ・理由をうまく作っていくか（が重要）」（戸井CPS）といった視点から商品開発を行ったことが「X-TRAIL」成功の大きな要因である．

4.2.2　顧客ニーズの収集からはじまった商品開発

　「X-TRAIL」は，旧日産の商品開発体制のもと1998年3月に企画がスタートしている．当時の日産における商品開発体制は，いわゆる「重量級プロダクト・マネジャー」制度と呼ばれるものであり，図表4-4にあるとおり非常に職務範囲が広く

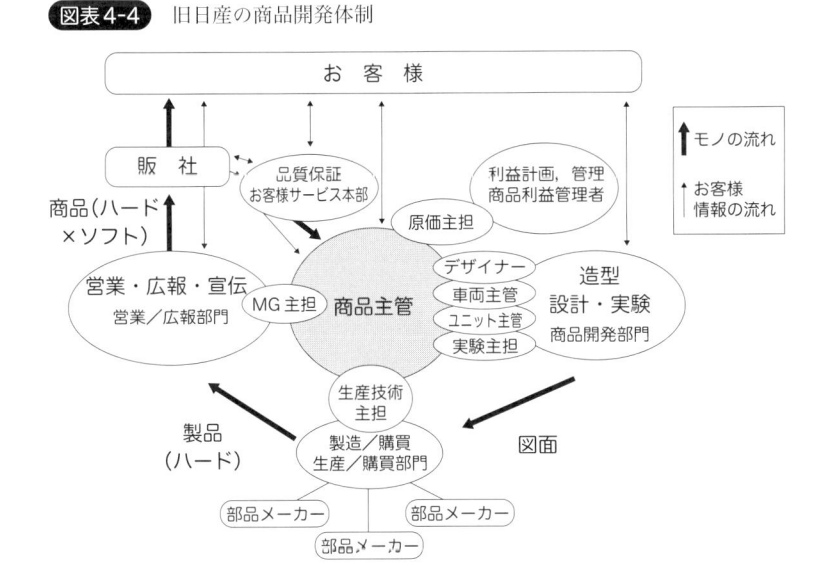

図表4-4　旧日産の商品開発体制

（出典）　早稲田大学商学部編：『ヒット商品のマーケティング』，2001，同文舘出版．

権限も大きい「商品主管」を中心に商品開発が行われていた．

商品主管の下には数名の「商品主担」がおり，商品企画プロジェクト・チームを形成していた．「X-TRAIL」は商品主管が清水氏，商品主担が戸井氏という体制で開発が始まった．

当時の日産は多くの部門で大幅にシェアを落としていたが，中でも若者向けにアピールする自動車がないという危機的状態であった．戸井 CPS は，「お客さまが買ってくれる理由をちゃんと見つけられなかった」ことがその最大の原因であると分析し，さらに以下のように述べている．

> 「翻訳というのか，お客さまにこういうニーズがある，あるいはお客さまが知らないかもしれないニーズがある，それをうちの技術力だとこんな形で実現できるという，間をうまくつなぐことが欠けると何百億もかけた仕事でも全部意味がなくなってしまいます」

当時「技術の日産」という自信がある分，マーケットに弱いとよく言われた．このことについて，清水主管は次のように述べている．

> 「マーケティングそのものはお客さんから出てくるのだと社是にもあったんですが，なかなかそれを理解していないんです．お客様を創造することの重要性は，『お客様の立場に立って素直に見る』というあたりまえのこと．エゴというか自分が正しいんだと思いこんじゃう人間はだめかもしれないですね．いろんなものに裏付けられたものならいいですが，一人の人間は限られていますからそこから出発しないと危険だと思います」

そこで「X-TRAIL」は企画段階から開発期間中を通じて，顧客のニーズを最大限商品開発に生かすために「お客さまと一緒に作る」ことを目標としていた．このため開発チームは，夏は炎天下の遊園地で，冬は厳寒のスキー場で，何日も立ちっ放しで若者の車の使い方を研究し，徹底的な調査を重ねてきた．

「X-TRAIL」開発チームの顧客ニーズ収集活動は日本だけに限らず，欧州，オーストラリア，チリ，パナマ，台湾，タイなどで実際に顧客の声を聞いて歩いた．そして，「ある地域で遊んでいた人が，あれが積みにくいと言っていた」とか，「市街地でこういう車が欲しいというふうに言っていた」という生の声を商品開発に取り入れて

きた．このような活動は「X-TRAIL」完成後も最大の強味となっている．事実オーストラリアではこの開発エピソードをマスコミが記事にしたところ評判となり，販売実績に結びついているのである．

図表4-5は，「X-TRAIL」の商品コンセプトを示したものである．

4.3 歴史的転換点を乗り越えた「熱い想い」

4.3.1 ゴーン最初の決裁車となった危機感

「X-TRAIL」の開発チームは，1998年の開発開始後1年間の事前調査が終了し，目標台数や収益といった販売計画の大枠を固め，予算取りに向けた決済が必要となった．ちょうどその時期が日産とルノーのアライアンスのタイミングと重なり，ゴーンCOOが就任後初めて決裁した車ということでも話題となった．

当初旧体制に駆け込みで提案し一応の承認を取ったものの，やはり新体制で改めて提案することとなった．1999年6月，アライアンス後最初の株主総会でゴーンがCOOに就任し，実務を開始した直後の7月5日「第1回エクゼクティブ・コミッ

図表4-5 「X-TRAIL」商品像

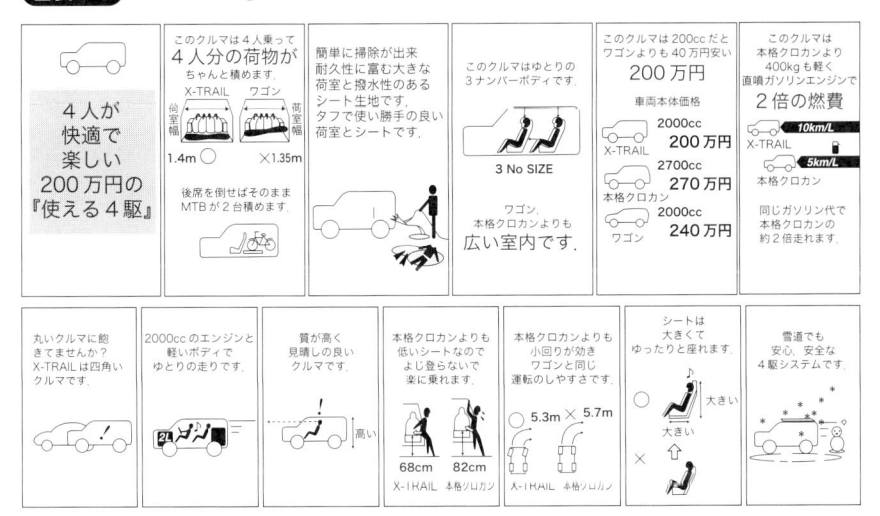

(出典) 戸井雅宏著，「新型NISSAN X-TRAILの商品企画と商品七つ道具」，日本品質管理学会誌，第32巻第4号，2002．

図表 4-6 カルロス・ゴーン COO

（出典） 日産自動車株式会社

ティー」において，ゴーン COO は体質改善に向けた指示を，あたかも学校の先生が生徒に教えるように細かく出していた．「X-TRAIL」のプレゼンテーションはその中で行われたのである．

当初「X-TRAIL」の開発チームでは，これまでの常識で考えてこのぐらいの値段なら収益的にも妥当な線を達成できるだろうと判断していた．

> 「ところがゴーンは全然話にならないとして，それを題材に重役・役員に対して車の収益は今後こう考えるといった方針を講義しました．そして，『いい車なのは分かった．だけどこの収益じゃ話にならない．1 カ月猶予をあげるから収益に関する各担当者，副社長のコミットメントを取り付けてきなさい』といわれました．例えば生産担当の人だったらいくらで作るとか，販売担当の人たちはいくらの販価で何台売るとかいうことです．幸いなことに皆さんのご協力が得られて，いろいろ工夫もした結果，営業利益率が倍ぐらいになりました．それで 1 カ月後の 8 月初めにもう 1 回提案に行き，そこで初めてオーケーをもらいました」（戸井 CPS）

当時コミットメントというシステムはなかったため，ルノーから分厚い冊子を取り寄せることから始めた．すると，2〜3 年後にこうするという契約書のような書類にサインが取り交わされている．当時の副社長の所に初めて頼みにいったところ，「コミットメントとは何だ．俺はもうすぐ退職するが，辞めた後その穴を払えと言われて

も，大した金は出ないぞ」といわれるなど，社内のサプライズは大きかった．それまで約束と言っても別になんら責任があるわけでもなかったが，コミットメントでは目標未達の場合誰の責任かが明記されていてはっきりとわかる．このようにコミットメントは約束というよりは契約に近く，「自分の全知全能を尽くしてやります」という宣誓書のようなものとなっている．これについて戸井CPSは，

> 「命を取ったり，お金を取ったりはしないでしょうけど，そういうことですよね．今は何をやるにしてもコミットメントとターゲットがあります．コミットメントは最低限絶対クリアする，ターゲットは努力目標という値です．すべての目標は担当ごとに細分化され割り当てられていきます」

と述べている．このように「X-TRAIL」の決裁時より正式導入されたコミットメント制は，日産全社に大きなインパクトを与えることとなった．「X-TRAIL」以後であれば，これからこうやるからわれわれも気を付けようですむが，開発チームとしてはそこを乗り越えて企画を通し，収益を上げていく必要がある．しかし手がけていた車がその最初の例になったことで，当事者である戸井CPS自身は次のように述べている．

> 「本当にそのときはせっぱ詰まった気持ちでした．もちろん私たちも必死でしたが，責任者だった清水主管も相当悩んだと思います．ですから『X-TRAIL』国内発売の発表日が1カ月ぐらいにだんだん迫ってきて，いろんな準備とか式典とかやりながら，清水主管と話していて『最近，眠れないんですよね』と言ったら『お前もか』と．本当に世の中に出るということが信じられなかったんです．要はいつストップがかかり，自分たちのやってきたことがすべて無になってしまうんじゃないかという恐怖やプレッシャーが常にあったんです．今までみたいにやったものがそのままいくのが当たり前だというのではなくて，成功させなければもう先がないというような，そういうプレッシャーです．だから本当に世の中に出るということが信じられなくて，2人とも興奮して夜眠れなくなってしまいました」

4.3.2 健全な対立を生み出した組織改革

日産は，2000年1月から製品開発部門の組織改編を行っており，従来の商品主管が担っていた職務は分担されている．図表4-7に示すように，製品を6つのグループに分け，それぞれにプログラム・ダイレクター（Program Director：PD）が配置されている．PDは収益確保に責任をもち，クルマづくりの流れに沿った商品企画，開発，販売・マーケティング，デザイン，製造，購買の6部門の動きを監視する．そして，チーフ・プロダクト・スペシャリスト（Chief Product Specialist：CPS）が商品企画，チーフ・ビークル・エンジニア（Chief Vehicle Engineer：CVE）は開発，チーフ・マーケティング・マネジャー（Chief Marketing Manager：CMM）は販売・マーケティング，プロダクト・チーフ・デザイナー（Product Chief Designer：PCD）がデザインにそれぞれ責任を負うといった具合である．プロジェクトはCPS，CVE，CMM，PCDとPDの5名による合議制となった．

CPSは通常何種類かの車を担当し，世界150カ国すべての企画・販売状況まで責任をもつ．製品の発売後にユーザーの感じている問題点や競合製品との関係・収益状況等を調査報告する．またマイナーチェンジとその予算申請を行うなど，発売から

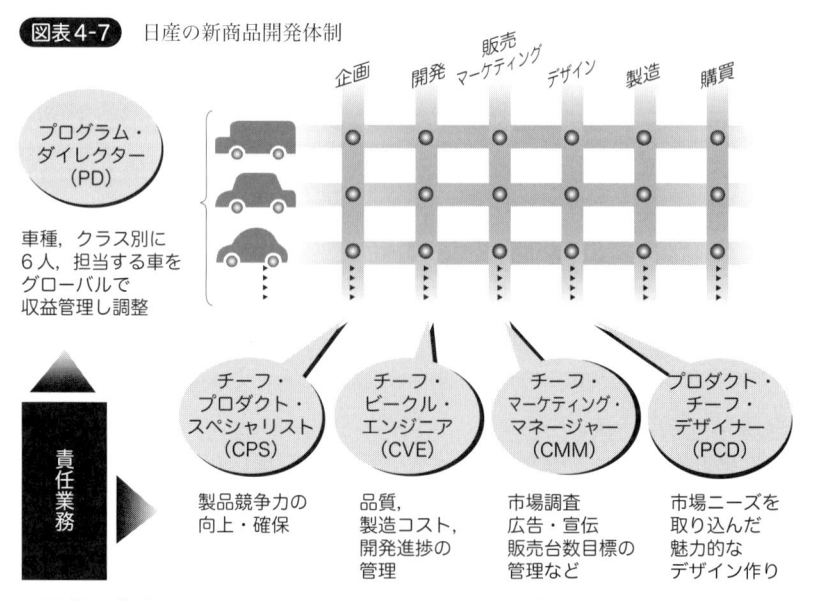

図表4-7 日産の新商品開発体制

（出典）『日経ビジネス』，2000年11月13日号，P40から転載．

5, 6年におよぶクルマのライフサイクル全般を通じて責任をもつ．

　戸井氏は新体制になって以降 CPS に就任したが，商品主担として「X-TRAIL」の開発に当初から携わってきた同氏によれば「仕事はほとんど変わらない」とのことである．

　「X-TRAIL」は2000年の発売後爆発的に売れ，その後世界各地での発売と販売促進・維持管理を行うフェーズに移行した．ドイツやイギリス，スペインなどでも購入層・非購入層からインタビューを行い，国や地域によるユーザーや購買理由の違いなどを調査し，今後の計画を立てていく．

> 「この間も，中近東地区における『X-TRAIL』発売発表をレバノンでやってきましたが，1カ国ごとにジャーナル試乗会をちゃんとやって，また各界の方々を何十人かお呼びしてセレモニーをやるというのをずっと繰り返してきました」(戸井 CPS)

　このため日産社内では英語が公用語と化しており，公式の会議や提案はすべて英語で行われ，日本語の資料が必要なときは作り直している．

　旧体制では商品主管1人に決定権が集中しうやむやになっていた責任が，新体制では分散され明確になった．「QFD(Quality Function Deployment＝品質機能展開)を分解して要求品質展開表の部分を取り出したようなもの」(戸井 CPS)であり，さらに PD などに顧客の要求を技術用語に変えて説明する必要がある．戸井 CPS によれば「議論とか対立を生むためにこの制度ができた」のであり，「仕事はすべて有機的に働いている」健全な姿になった．以前は商品主管ひとりが判断し処理していたが，公の論議が必要となり，まず担当者が各自の立場で深く検討するためにきちんと情報を取るようになった．その上で情報を持っている人たち同士が違う立場で意見をぶつけ合うのである．この状況を戸井 CPS は次のように述べている．

> 「当たり前ですが，誰だっていっぱい売っていっぱい儲けたいわけですから，そのためにどうしたらいいかということになる．結局対立するところは手法の違いです．どちらが正しいかでずっと対立したままだったら，ゴーンがいつでももってこいと言っています．社長とかペラタ(副社長)とか，問題解決のために会議体があるわけですから，もしどうしても決定がつかなければそういうところで

議論すればいい．私がいつも思っているのは『妥協は絶対してはいけない』ということです」

4.3.3 コミットメント制による緊張感

日産ではゴーン体制になってから人選に年齢はほとんど関係がなくなった．

> 「それより自分の言っていることが確かかどうかで常に緊張感がありますね．商品主管やCPSになって一番変わったのは，とにかく24時間すごい緊張感があることです．そのため，家でも朝早く起きてeメールでヨーロッパと交信したり，常にいろいろ必要な情報が入ってくるので，それにクイックにレスポンスしていかなくてはいけない．自分が矢面に立っているプレッシャーはいつも感じています」(戸井CPS)

新しい開発体制では担当ごとに業務分掌が決まっている分，各自の守備範囲における責任は重くなっている．CPSでいえば，顧客の不満や販売会社の抱える問題点，コンペティターの新商品動向をにらんだ戦略などについて，いずれも世界レベルで現状を把握し対応していかなければならない．もちろん業務分掌を超えて動く場合もあるが，すばやく手を打って行かなくては競争に負けてしまうため，まずほかを手がける余裕はない．

> 「競争相手が新商品を出したとか，マイナーチェンジでこうやってくるに違いないとか，そういうことだけでも十分責任があります．(CPSである)私のセンサーとしての役割が機能せずに方向を誤ってしまったら，その後どんなに一生懸命開発したりお金を計算しても，全然売れなくなってしまいます．これまでは販売台数が落ち込んでも，なぜだろうですんでいましたが，ゴーン体制ではだれの責任かはっきりしているわけです．そういう意味ではすごいプレッシャーですね」(戸井CPS)

以前の商品主管は収益も含めた全権を掌握していたが，その分すべてに手が回らないのも事実であった．このため不振の理由がそこにあっても，原因をあいまいにしたまま原価や投資資金の制約といった割合どおりのいい言い訳をしてやり過ごしてき

た．車の売れ行きによって栄転や降格，左遷が決まるという信賞必罰の評価基準がはっきりしていないところに問題があった．

「今回の体制は単に責任を分担しただけではなくて，年初に具体的な目標についてコミットメントを出しているので，その達成度によって自分の評価が明解に分かるわけです」(戸井CPS)．期初に出したコミットメントの達成度で評価する一種の成果主義評価体系は，QFDとかTQM (Total Quality Management＝総合的品質管理)といったプロセス重視の手法と整合しないように感じられる．しかし「プロセスがよくなければアウトプットもよくないという意味で同じです．スポーツ選手のようにわれわれも年間契約なので，達成できるかできないかで自分の評価が分かります」(戸井CPS)

事前に決められた全社のビジネスプランの中で，各自のコミットメントやターゲットといった目標は自動的に決まり，それを達成できたかどうかで評価が決まってくる．したがって昇給や昇格といったことがある程度予測できる，透明度の高い評価体系となった．コミットメントの達成度合いが収入に直結しているため，常に緊張感をもって仕事に望むこととなる．

「そういう意味でプレッシャーがあります．今の体制は責任が明確に分担されているため，各担当者を説得しなければ動かないし，またいろんなことを言ってこられるわけです．例えば収益上もっと金のかからない企画にしろとか，エンジニアリングに開発を依頼したら技術的に不可能といわれたとか日々あります．ですからのほほんとしている暇はなく，常に周りとやりあっているという感じがします」(戸井CPS)

4.3.4 議論を通じて磨かれる企画案

旧体制の日産では，会議を重ねて企画が上に行けば行くほどあちこちつつかれて無難な車＝特徴のない車になってしまった．これはひとつにはエンジニア中心の人員構成からなる開発部門に，企画やデザインといった機能が従属していたためである．開発を一手に担う「テクニカルセンター」の役員が企画・デザイン部門のトップも兼務していたため，なによりも開発側の意見が尊重される結果となった．

しかし新体制ではデザインや企画を開発部門から切り離し独立させた．担当役員も

分けることでマネジメント・ラインを完全に分離し，従来開発部門の下に置かれていたデザイン・企画部門は対等の立場で商品企画にかかわることとなった．

「デザイン本部は自分たちの主張をはっきりできるようになりました．ゴーン社長自身も相当スタイルを重視していますが，中村史郎（前いすゞ自動車デザイン担当部長）というのをヘッドハンティングしてきてデザイン本部長としたことで，発言力は相当強くなりました．われわれ企画も1部門として独立しましたので，エンジニアリングのとも健全な議論を通じて仕事ができるようになりました」(戸井 CPS)

このように新体制では，やりたいことを理路整然とつかんでおいてきちんと説明し説得できれば後は担当者それぞれが責任をもってやるため，各自自分の仕事に専念することができる．

「もちろん『もうこいつの顔なんか2度と見たくない』というようなコンフリクトはありますよ．しかし，今度はどうやって説得してやろうかとさらに考えるうちに，自分の案が前のオリジナルよりもいい案になって，よりお客さまに魅力的でしかも安くできるようになっているんです．そういう意味ではやっぱり対決することでお互いが磨かれるのかなと思います」(戸井 CPS)

自分の責任や給料に直結するため大事な決定事項があるときには必ず参加する必要があり，以前に比べて決定まで時間がかかるようになった．

「3人そろわないとだめで，1人が出張していたりすると決着がつかないですから．それを他人に決められたら困るわけです．だから出張先でも電子メールを常に見ていたり，必要なときは飛んで帰ってきたりとかします．PDも『おれは聞いていないから認めない』と必ず言います．発売の間際になってもおれは認めないと言って，急に仕様変更になることもあったりしますけどね」(戸井 CPS)

4.3.5 「収益源＝顧客ニーズの実現」を理解している経営陣

このようなお互いの緊張状態の中で，CPSやPDの間でどうしても調整がつかないときはトップが最終的に決済する．しかし，

> 「ペラタ副社長やゴーン社長はすごくアンテナが高くていろんな報告を受け，また情報に基づいて指示をどんどん出しています．ですから現場が対立しているのに彼らがずっと蚊帳の外にいるなんてことは実際にはあり得ないですね」(戸井CPS)

日本の上司，特に社長像として，「任せたしっかりやれ」とお金は出すが口は出さず責任だけとるほうが下からの受けがよかった．しかしゴーンCOOやペラタ副社長は違う．

> 「(ゴーンCOOは)社員の中で一番働いています．例えばスタイルとか，収益，商品企画，ビジネスプランなど，社長の決裁事項は基準で明確に決まっていますが，全部確実にゴーンがやります．これらは業務処理基準書になっていて，副社長やPDの決裁権限といったものも金額も含めて決まっています」(戸井CPS)

業務分掌上の決裁権限事項でなくともトップから日常的に指示が飛び，会議の話題も直接担当者にメールが届く．ゴーンCOOやペラタ副社長は朝7時から夜11時くらいまで働いており，電子メールにも早朝目を通すため早く指示を出すことができる．

また旧体制では現場が上司に調査報告することはあっても，逆のケースは皆無であった．ところが新体制ではマネジメントから教わることが結構多いとのことである．

> 「これはすごく面白い現象で，例えばお客さまはこうやって見るんだと言われると，『そうだ，勉強しなくてはいけないな』と思うようになりました」(戸井CPS)

このように改革をすすめ，着実に結果を出しているゴーンCOOに対する戸井CPSの評価は，高いリーダーシップなどは当然として，

> 「要はどこがお金のなる木で，会社というのはどこをやらなければいけないのか，といったメカニズムが非常によく分かっていると思います．つまりお客さまに対して夢みたいなものを作り出すことによって付加価値を作る，それがプラス

アルファの収益源なんだということを彼は非常によく理解しています」

ゴーンCOOは,「日産リバイバルプラン」発表当初には工場撤廃や原価低減などリストラ策が注目され,コスト・カッターの印象が強かった.しかし実際にはルノー出身の経営陣はバランス感覚に富み,強みがどこで改革すべきところはどこかがよく見えている.ここをよく理解して,顧客・マスコミに対してもきちんと対応し,一方厳しさもあわせもつ.

また,地位に関係なくトップが現場と純粋に議論し理解を示すということも,かつての日産ではありえないことであった.

4.4 開発者の意識と知識

4.4.1 商品主管・CPSに共通する個性

従来の体制下で商品主管であった人物は,個性豊かでありユニークで,日本企業のサラリーマンという枠からはみ出ている非常に面白い面々ばかりであった.

清水主管の場合,会社以外にある音楽関係の組織にかかわり,若者から音楽界の重鎮まで付き合いが広い.また米国横断旅行や,外資とのジョイント・ベンチャーをまとめたりした.

> 「自動車業界だけだと世界が偏ってしまいます.専門の自動車と離れたところで,却って視野が広がるというか別の角度から見る.日本にいると日本しか知らないですが,外に出ると向こうのグローバルなシチュエーションの中での日本が見えてくるわけです.これが非常に役立った.同じように,この業界と離れたところでこの業界が見えてくる.その両方が自分にとっては肥やしになっています」(清水主管)

このため,テクニカルセンター(神奈川県厚木市岡津古久)に"感じる"厚木企画"という組織を若者で作って,講演会や研修を主催し,開発者の陥っている症状を打破しようとした.狭い山地にあり通勤も車のため「他人に接せず新聞もろくに読まず働いて帰る」(清水主管)といった日常を清水主管は「岡津古久シンドローム」と名付け,これを打ち破るため外部と接触し,見聞を広めることを目的としたのである.

清水主管は商品主管に要求される能力・条件として，人を見抜き使う能力，人を喜ばせる姿勢，他人を納得させるだけの専門知識，などをあげている．さらに人間が好きで興味があること，ネアカの性格，強い好奇心で何でも浅く広く手がけることなども必要である．このように商品主管はぼんやりとでもプロジェクトの全体像が見えているための素養が必要とされた．

一方 CPS はその業務内容の一部分を取り出して担当する．したがって，これまで商品主管に必要であった要件と大きく相違することはないが，「それをすごく深くやらなければいけない」(戸井 CPS)．

また商品主管にはチームや自身との折り合いをつける調整能力が必要であり，マーケティングや心理学を通じ人間を扱う能力を磨くことが大事であるとされた．CPS にもプロジェクト推進のための調整能力は不可欠であるが，まずは顧客，人間が好きだということが最も重要とのことである．

「結局世界中の人間が買ってくれるわけですから．やっぱり人間が好きで興味があって，心理学みたいですけど，何を望んでいて何を心地よく思って何を心地よく思わないか，を見抜く能力を養わなければいけないと思います．どこに行っても聞き出したり調べたりしなければいけないものですから．そういう意味で誰とでも話をしたり情報を得たりできる能力が必要です」(戸井 CPS)

旧体制では，車が売れるかどうかは別として企画・製造・販売という一連の工程が何となく回っており，指示や命令を出せば動かすことができた．しかし CPS は顧客ニーズや商品競争力といった実体のないものについて，関係者に説得し納得させなければ誰も動いてくれない．

「そういう意味でみんながやっているのは当然内部最適に動くわけです．例えば工場からラインの事情でこう作りたいといってきたとします．でも私たちは，『そんなことは関係ない，だって市場はこうだから』というふうにまず行くわけです．そうすると必ずみんなにとっては都合が悪い話になります．なぜならお客さまは会社の事情では絶対物事を考えていただけないですから．だからそれを説得するには相当の理由をもってなければいけないのです」(戸井 CPS)

例えば「X-TRAIL」の仕様変更の会議において PD や CVE，CMM がそろってい

るところで,「次の『X-TRAIL』はこういうふうにして,これとこれを変えたい」と提案すると,「なんでそんなものを変えなきゃいけないのか」とか「工場でいくら掛かったか分かっているのか」,「お前工数が湯水のごとく湧いてくると思うなよ」などと言ってくる.

> 「ですから彼らに向かって『でも,こうやっていかないと将来負けてしまって,こうだからこうやってやれば絶対大丈夫だよ』と言わなくてはいけないわけです.それでなるほどと彼らが言ったら引き受けてやってくれるわけです.言わなかったらそこでもう1回物別れで,このプロジェクトは全然動かないわけです」(戸井 CPS)

4.4.2 商品開発を支える原価意識

旧体制の商品主管はすべてに責任をもつ重量級プロダクト・マネジャーであり,原価意識は高かった.清水主管の場合,まず製品のコンセプトを決めたら次に原価を決め,これに見合う図面を設計に委託していた.常に顧客の視点に立ち返り,技術で積み上げて売れる価格を探り,一旦決めた原価規格に見合うようにしていた.

「確かに原価をどうするかは人によって違うかもしれません.高くなってもいい車を作るという人もいますけど,それでは困る」(清水主管).設計側がこれ以下にはできないと頑張っている場合には「その人間をいかに動かすか」という考えを基本として泥臭いヒアリングを徹底してやり,担当者をプロデュースすることでやる気を引き出すのである.

「車は何万点もの部品からできていますが,一個一個の部品を担当する者にやる気を起こさせることによって全然違ってきます」(清水主管).品質やコストはモチベーションをもってやるかどうかで違ってくるのであり,「こういう車を世の中に出したい」という共通認識を与えることが大事となる.

清水主管がある部長にこの話をしたところ一笑に伏されて,「モチベーションはどうでもいいんだ.最近ルノーが来たら契約の社会だ.ある額をやればいいんだから,その数字さえ与えてくれればあとはやるよ」と言われた.確かに「X-TRAIL」から導入されたコミットメントやターゲットでは目標がすべて数字で提示されている.変革に向けた管理運営方式として必要な部分ではある.

「しかし私から見るとそれだけじゃできない．数字も厳しいですが，それをやる気になるのは一人ひとりの設計者がそれなりの正しい方向づけと認識とモチベーションをもたないとできない．私の原価管理の目的は，担当者のモチベーションを高めることにあります」(清水主管)

「X-TRAIL」開発当時，商品主担であった戸井CPSはエンジニア出身者であり，一見原価計算などは苦手という印象がある．しかしコストを無視して設計することは不可能であり，また「商品主管と主担というのは名前が違うだけで同じことをやっていた．私どもは，あまり立場みたいなことに固執しないでとにかくみんなで車をよくしていこうと一生懸命やってきた」(戸井CPS)のである．このことから，商品主担も商品主管と同じ意識レベルにあり，原価についても十分考慮していたであろうことが伺える．

一方新体制下におけるCPSの場合，仕事の神髄は「お客さまのニーズをつかむこと」(戸井CPS)であり競争力の源泉でもある．原価構造・会社の仕組みを理解していることで，企画がものになるかどうかの判断や，いくらなら顧客が買ってくれるかという大まかな予測が直観的にできるという大きなメリットがある．

例えば，アメリカでの市場調査の結果いくらなら買ってくれそうだとなった場合，

「部品メーカーの原価はいくらで，九州工場ではいくら掛かって，その他税金や船賃を考慮すると，ロサンゼルスではディーラーにいくらマージンを払って，広告宣伝費をこのくらいやるから，収益は5%ぐらいは出るな，と暗算ができるんですよ」(戸井CPS)

このようなシミュレーションは商品主担，商品主管時代を通じて日常的に行われており，顧客の要望する価格帯ではコストがいくらで，売価がいくらなら儲かるということが瞬時に把握できるようになった．最終製品の原価・収益構造が具体的にイメージできるため，まったく検討違いの努力をするといったことを回避できるのである．

4.4.3 製品を評価できる技術的専門知識

戸井CPSは技術者当時，フュエールポンプの研究に従事しており，日産を代表して学会で発表し，アメリカでも学会に参加していた．その結果，この分野では何を聞

かれても全部答えられる自負があった．その後フュエールポンプに関する問題点は全て解決されたため研究を続ける必要がなくなってしまったが，一時期エンジニアとして特殊分野に打ち込み，一言ある人物になったことが自信になった．「分野が違っても考え方やアプローチする手法は同じですから，そういう意味では自分にとってすごく強味になった」(戸井 CPS)．苦境にあっても技術では負けないという自信があり，心の支えとなっていたとのことである．

> 「やり取りしていると，エンジニアなんかで途中であきらめちゃう奴らもいるわけです．僕は直接彼らの上司でもないし言える立場ではないかもしれないけど，いざ1対1でやったら負けないぞと思っています．それで彼らを励ましたりとか一緒に考えたりとか，ここが一番急所だと思ったら，飛び込んでいって一緒に栃木まで走りに行こうとかします．普段は CPS ですから技術のことは分かりませんと言っていますけど，いざとなったら負けないと思っているので，『生半可のことでは手を打たせないぞ，できないなんていう言葉をおれの前で口が裂けても言うなよ』というのはあります．エンジニアをまとめている人が別にいますから普段は言いませんけれどもね」(戸井 CPS)．

戸井 CPS は車輌全体の設計を担当した際に4駆システムやエンジンなど，車の核となるパーツも自ら設計するなど，技術的な部分のほとんどを経験している．このため専門分野の話がでても大体は理解することができるようになっており，エンジニアであったことは自信と経験の両方でメリットとなっている．

例えば進行中のプロジェクトに問題が発生した場合，

> 「どうしても達成できないと言ってきたら『資料をおれの机に持ってこい，全部見て一緒に考えよう』と言ってやるとうまい方向にいくことが多い．私は今それで助かっているのですが，両立しなければ苦しいところでしょうね．必須条件ではないですが，そういう経験のおかげで自分が得しているところですね．元の部下もいますから，変なものは持って来られないと思っているようです」(戸井 CPS)

とのことである．

商品主管経験者のほとんどはエンジニア出身であることから，技術系の人に優位性

があるように思える．しかし戸井 CPS は以下のように述べている．

> 「うちには文系出身の CPS でも，十分できる人もいます．車は公共性の高い製品ですから，それ自体の競争力を評価するには性能の良し悪しや運転技術について分からなければいけないですね．そこができれば別に文系でも関係ないと思います．うちの文系の人たちは車が飯より好きだという人が，たまたま文系だったということです．やっぱり車が好きで知らなければちょっと難しいですね」

例えば他社から新車が出た場合，実際に試乗して自社との優劣を比較し，「後ろからのロードノイズが気になる」，「エンジンの加速がこうだ」，「あれが気になる」などとコメントできたり，「ハンドルを切ったときのこれが気になるから，来年はこれを絶対直してくれ」というふうに具体的に頼んだりしないと誰も動いてくれない．このように機械を扱えたり，評価したりできれば文系出身であっても問題ないのである．

4.5 高いマーケティング感覚

4.5.1 心理学とマーケティングの必要性

旧日産では，商品主管の仕事はオーケストラの指揮者みたいなものでありいろんなパートをとりまとめることが必要で自分1人では音が出ない，といわれていた．

戸井 CPS によれば，CPS はオーケストラの指揮者というよりはスペシャリストに近く，より専門性を深めていく方向に重点があるとのことである．

> 「つまり車という冷たいハードウエアと，お客さまという非常にエモーショナルなもののニーズを結んで考える．そういうことによって商品力の差を見極めたり将来の動向をみたりということを，心理学と技術の両方をつなげて考えるということだと思います．例えば，スカイライン GTR がどんなに早くても買ってくれる人がいなければしょうがないわけです」（戸井 CPS）

しかし，技術やエンジニアリングといった分野と顧客に関わる心理学やマーケティング分野の両方を理解しつなげるということは，誰にでもできることではない．

> 「エンジニア出身の場合は，心理学やマーケティングを相当勉強しないといけ

ないと思います．特にエンジニア出身者はできるできないの議論が先にきてしまうので，そういう面を出さない訓練をしなければいけないですね．文科系出身者では，CVE だとかエンジニアに伝える言葉や使用方法を勉強しなければいけないです．そうしないと仕事にならなくなりますね」(戸井 CPS)

清水主管は，製品開発のプロセスやシステムをプロデュースする人の資質として，マーケティングのプロとしての分析的，科学的な部分以上に人間的なつながりが大事だと述べている．清水主管が商品企画部門に入った時の上司である桜井真一郎氏(スカイラインの生みの親)も「車を作る時には，作る人間が大事だ」といって，担当者に車の考え方についての物語を作らせてイメージを植えつけた．桜井氏は心理学を利用して人を動かすにはどうしたらいいかを実学として勉強している．

「最近，アメリカナイズされたというか，日本的でないところで分析的にやろうとしていますけれども，必ずしもそれだけではないと思います．(以前の)日産の商品開発が，必ずしもうまくいっていなかった原因の1つはそこにあるのかなと思っています」(清水主管)

4.5.2 エンジニアがマーケティングに目覚めるきっかけ

清水主管は航空学科卒業後 11 年間技術者を勤め，その後商品企画を担当しているが，マーケティング的な視点をどう獲得するかについて「今はそういう学問があるかもしれませんが，当時はそういうものはありませんから仕事として勉強しました」と述べている．商品企画では担当から始まり，研鑽しながら主担，マネージャー，商品主管となったが，その間にいろんな上司のやり方を見てきた．初任主管になった時にはある程度の経験を積んでおり，まとめ方がわかっていたのである．またアメリカにいた3年半にフォードとのジョイント・ベンチャーである「クエスト」(V6，3.0L，ミニバン)のプロジェクト・マネージャーを務めた．その間フォードのやり方を見ながら自分なりに勉強し，アメリカの国民性や人間的・空間的な違いを体験して，日本そのものを外から見たことが肥やしになった．

一方，戸井 CPS は大学で熱機関工学を専攻していた．日産入社以来，エンジンクーリングや燃料関係，ヒーター，エアコン等の空調システムといった冬の実験が必

要なものを担当してきた．それこそ研究室にこもり朝まで実験してレポートを書く，研究論文を学会で発表する，ということを生きがいに一生懸命やっていたとのことである．

しかしアリゾナ州にテストコースを造ることになり，「暑いアリゾナということでお前行って作って来いと言われて，山手線の半分ぐらいのインディアン・リザベーションで買った土地へ日本人3人だけ放り出されたんです」(戸井 CPS)

ここではアメリカ全域における車の使い方や道路・気温といった条件を，テストコースでシミュレーションし再現させることが目的であった．設計にもとづきアメリカ各地を歩いてデータを蓄積し，またテストコースを設計してみるということを繰り返した．同時にアメリカの車はこうやって作るべきだという評価基準を作っていた．

アメリカには3年半滞在しているが，この間に顧客から「あれが壊れた」，「これがよくない」といった苦情を聞くことが多かった．このため，テストコースを作りながら全米の顧客にインタビューしてこれを整理し，日産自動車がアメリカに車を出すに当たり何が足りないのかということをまとめた．

「苦労しながら，お客さまが感じていることを直接聞いて自分でも確かめてみて，やっぱりこうだとなったら日本にファクシミリなり電話なりで報告を入れました．すると，そんなはずはないとか，そんなふうになっているはずはないとか，前言ったことと違うじゃないか，というようなことを言ってくるわけです．ファクシミリが壊れたら自分で直さなきゃいけないようなところに日本人3人でいて痛感したことは，日産本社にこのような高い垣根があるという現実と，そういう企業の論理がお客さまとものすごくかけ離れているということです」(戸井 CPS)

日産という大組織は，例えば車の不具合1つを直すためにも相当な労力を使って説得をしないと動かなかった．「これを直したらああなる」，「お金がかかる」，「工場の設備がかかる」と言い訳だけは山ほど言ってくる．

「そんなことより僕の目前のカスタマーはどうしてくれるんだということですよね．そのときパンとひらめいたのは，本社じゃなくてこの人が僕の給料をくれるんだということです」(戸井 CPS)

アメリカから戻った戸井CPSは，商品企画として車全体の商品力をまとめる仕事についたが，「どでかくて，何を言っても通じないような高い壁をもった組織とお客さまとのギャップ」(戸井CPS)を経験したことが原体験となっているとのことである．その後数十回にわたるヨーロッパ出張も経験し，以下のように述べている．

「何となくですがお客さまの言っていることというのはそんなに違っていない，普通のことを言っているなと感じましたね．普通の人が普通のことを言っているのですが，それを企業側がちゃんと解釈できていないということです．日産には，品質が悪いという問題も長年あったわけですけど，思いこみだとか大企業論理だとかいうものがお客様の考えとかけ離れていて，これを近づけないことには私たちが車を作って喜んで買っていただくということにはなかなかならないのかなと思いました」(戸井CPS)

4.5.3 「使える道具」としての仕掛け

日産は，自動車メーカーとして顧客が車を購入する理由を作るというだけでなく，もっと積極的に文化に貢献していくことが必要であると考えており，ゴーンCOOは「人々の幸せのために」を社是にしようと主張している．

その一例として，「X‐TRAIL JAM IN 東京ドーム」を毎年主宰(例年12月第2，3週頃)している．これは東京ドームの中に雪のジャンプ台などを作り，そこでストレート・ジャンプやクォーター・パイプといったスノーボードの競技会，およびヒップ・ホップやインディーズ系のミュージシャンを中心とした音楽イベントを同時に開催する．来場者数約5万人，テレビでも放映される一大イベントとなっている．図表4‐8は公式HPである．

また，サーフィンの公式スポンサー(JPSA公認「NISSAN X‐TRAIL JAPAN PRO SURFING TOUR」，など)としても活動しているほか，図表4‐9にあるように6つの違ったエリアのチャンピオン(マウンテンバイク：増田まみ，スノーボード：植村能成，フリースタイル：立花透，サーフィン：細川哲夫，フリークライミング：平山ユージ，ボディーボード：小池葵)による「team X‐TRAIL」を組織し，また彼らの公式スポンサーとなっている．そして実際に一台ずつ使ってもらい，コメントやニーズを商品開発に取り入れながら**「彼らと一緒に作ってきた」**(戸井CPS)のである．し

図表4-8　「X-TRAIL JAM IN 東京ドーム」HP

(出典)　日産自動車HP

図表4-9　「team X-TRAIL」HP

(出典)　日産自動車HP

たがって「X-TRAIL」は彼らの持つ道具が全部入るような設計になっており，長いサーフボードでも車内に収まるように作ってある．

　各分野のチャンピオンが「X-TRAIL」を使っているという宣伝効果とともに，2カ月に一回ぐらいずつ定期的にコミュニケーションを図り，「X-TRAIL」の評判やアウトドアスポーツの状況，日産自動車への要望などを聞くということが行われている．

　これらの活動により，「最近，サーファーとかスノーボーダーから，日産自動車が『X-TRAIL』を出してから，こういう競技が盛んになったというような話が出てきて

います」(戸井 CPS). この結果アウトドア・スポーツ・フリークの間では，他社の車と価格や性能を比較したりせず，「X-TRAIL」を選択する，といった動きもあるとのことである．

> 「私はこの車を通じて，彼らに楽しんでもらいたい，道具として使ってもらいたい，という意味も込めてこういうスポンサーもずっとやっているんです．今までスノーボードのジャンプ競技といえば北海道や長野であり，友達や親に来てもらいたくても遠かった．ところが東京ドームという便利で暖かいインドアで開催される．このため今スノーボードをやっていてこれに出たくないという人は誰もいないほどすごい人気で，インターネットで投票をやって出場選手を決めているんです．そういうふうになってくると，単に車を作っていくということから，そういう貢献とか道具としてこの『X-TRAIL』を使ってもらいたいということで，ずっと続けているわけです」(戸井 CPS)

その他にも，例えば「X-TRAIL」ユーザーが立ち上げたホームページ主催のオフサイトミーティングにジャンパーやステッカーを賞品として出す，なども行っている．

このように「X-TRAIL」というブランドをいかに確立していくかを考えたうえで，多岐にわたる活動が展開されている．

> 「そういうことが今までの日産自動車にはすごく欠けていた．そういう仕事をやる専任者もいなかったんですね．結局，商品主管でも，あらゆることに責任があるようでない仕事なものですから，忙しい，忙しいで過ぎてしまっていた．私も実際やってみてそうでした」(戸井 CPS)

4.5.4 「より顧客の近くに」という想い

日産では競合他社に対してはどのように考えているのであろうか．具体的にコンペティターを意識するのか，あるいはマイウエーでいくのか．

この点について戸井 CPS は以下のように述べている．

> 「立場とか担当車種でよっても違うと思いますが，私の場合はどこの会社と言

うよりもお客さまを意識することの方が多いですね．ホンダとかトヨタ，スバルでもいいんですが，私がお客さまに対して非常に大事だと思っていることをやってこられたらものすごく意識します．しかし私の関心事から全然はずれているというか，ここが肝だなと思っている以外の所をいろいろやってこられたりしても全然気にしないですね．それの積み重ねが会社のシェアとか順位だと思っていますから，私とお客さまの間に入ってくる会社は気にします．私はお客さんとの間の一番近くに入りたいですね．だから入ってこない会社は私にとっては関係ないという感じです」

4.6 商品企画七つ道具の活用

4.6.1 柔軟な運用方法

「X-TRAIL」の開発チームは，スタート当初より「商品企画七つ道具」を開発ツールとして活用している．その効果は冒頭に紹介した「X-TRAIL」の販売実績がなによりも雄弁に語るところである．また，「X-TRAIL」を一般に発売する前に社員向け販売の申込みを受け付けたところ，かつての日産車にないほど注文が殺到した．社員自らが買いたいと思うような車がなかったところにも日産低迷の理由があったのだが，開発チームはこの好評さに絶対に売れるという確信をもったのである．

なお「商品企画七つ道具」については『ヒットを生む商品企画七つ道具　すぐできる編，よくわかる編，はやわかり編』(神田範明編著，長沢伸也，丸山一彦，大藤正，岡本真一，今野勤共著，日科技連出版社，2000)を参照されたい．また，「X-TRAIL」の開発に商品企画七つ道具を活用した詳細については『日産らしさ，ホンダらしさ』(長沢伸也，木野龍太郎共著，同友館，2004)，および『顧客価値創造ハンドブック』(戸井雅宏ほか著，神田範明編著，日科技連出版社，2004)に譲りたい．

「商品企画七つ道具」の活用について，戸井CPSは

「七つ道具というのはもともとあったいろいろな開発手法の中で，一般的なものを取り上げて，割合ロジカルに並べたものです．ですから大なり小なりこれを何もやらないという人はいないです．CPSはほとんどがお客さまを扱う仕事で

すから，私たち CPS にとっては日々が七つ道具です」

と述べている．

また，清水主管は，

「今出している車が売れているという事実があれば説得力はあるが，将来の車を将来の顧客に代わって企画側が判断を下す場合の裏付けが必要である．ある程度，分析能力もなければならない．我々の提案とか周りの人間を納得させるには裏付けがないと納得しない．自分が納得する以上は人も納得させないといけない．そのノウハウは道具として使います」

と述べている．このように，日産の場合「商品企画七つ道具」を効果的に活用し必要に応じて使うというスタンスであり，ただ無理やり7つ全部をやらなければいけないという規則にはなっていないのである．

4.6.2 工夫によるノウハウの開発と蓄積

また日産では日々手法のレベルを磨きあげていくことを心掛けている．例えばグループインタビューなどはかなり掘り下げて行っており，お互いに気付いた点やノウハウを共有するようにしている．

グループインタビューを効果的に実施するためにはまずインタビュアーをきちんと採用する必要があることや，机を囲んで行うだけでなく海山や若者が集まっている所に出向き「ちょっと聞かせてよ」とやると案外話してくれることなどは経験から得たノウハウである．アンケート調査やマス調査では本当に聞きたいと思っている部分に踏み込むことができないが，グループインタビューでは担当者自ら聞くことができるので理解がすすみ，はるかに有用な情報が得られるのである．一方グループインタビューの欠点は，例えば「机の上で車を運転する人はいない」ということである．

「羊羹を食べるのなら机の上でもできますが，サウジアラビアでインタビューして，砂漠はこうだなんて机の上で聞いていても全然分からないんですね」(戸井 CPS)

しかし休日に一緒に出かければ「こういうものを積んでくるのか」とか，「こうやっ

てタイヤの空気を抜いて走るのか」,「この山はこういうところを登って競技するのか」など,百聞は一見にしかず,現地を見て初めてニーズがわかる．したがってグループインタビューのときに砂漠ではどうするのかと聞くよりは,トランクを見て歩いたり実際に荷物を車に積んだりすれば,典型的に積んでいるものはなにかが一発で分かる．そうするといちいち聞かなくてもトランクのサイズはどのぐらい必要か分かるので,情報を製品に落とし込むことができる．

> 「QFDを自分でやっているようなものですね．マスの調査結果からグループインタビューを実施して,さらに実際に見てはじめて代表特性値に落とせるような感じです．そこまでやらないと情報として使えないというか,特に何百億かける価値にはならないですね」(戸井 CPS)

またグループインタビューの際,素性を明かすかどうかはケースにより違う．国内で対象者が友達同士の場合や人づてで行うときには「調査会社です」と告げることもあるが,むしろ名乗ることのほうが少ない．しかし外国人の場合はどこの誰かを先に聞いてくるため,日本から来ましたとおみやげを渡したり握手したりといったことが必要である．

例えば中南米では

> 「グループインタビューでもどこの国の何している人か分からなかったら話したくないと言われますね．だからちゃんと日産自動車からやってきましたと,教えてくださいと言って,それから伺います．仲良くなって遊びに連れて行ってよという感じの方が得られる情報量は多いですね」(戸井 CPS)

というふうに,地域によってさまざまな工夫を行っている．

4.7 ブランドアイデンティティー

4.7.1 パーシーブド・クオリティー

日産にはパーシーブド・クオリティー (＝感性品質：PQ) という概念がある．パーシーブド・クオリティーは直訳すると「知覚」品質である．しかし日産ではこれを「感性」品質と呼んでおり,消費者に提供していく価値のひとつと捕らえている．

日産はブランド・アイデンティティーに関するキーワードとその達成手段を定めている．「ファンクショナルなお客さまに与える価値はこうで，エモーショナルにはこうというのが決まっている訳です」(戸井 CPS)．それを実際の車種開発に適用する場合，重視すべき性能を決め，これを軸にして商品開発を行っているのである．例えば日産が提唱している「ドライビング・プレジャー＝車を運転する楽しさ」もその1つである．

> 「このようにいくつかの軸があるんですが，その中にパーシーブド・クオリティーを上げていこうという大きな活動があります．これは一言で言うと，見たり触ったり聞いたり，といった感覚的に知覚できるような質感をすべて上げていき，それを世界のトップレベルにもっていこうということです．細かいもので言えば材質や表面処理，スイッチの感覚や触った感じなど，そういうものすべてにわたってお客さまがあるお金を払っていただく以上の品質感を感じていただこうという活動をやっています」(戸井 CPS)

日産ではデザイン本部の中にこの PQ 専門の部署を設置し，ルノー出身の専任ゼネラルマネジャーが担当している．PQ 専門部署は，他社も含め世の中に出ている車全部の PQ を評価している．開発中の車には全て PQ の目標があり，その達成度を見る仕組みになっている．このように評価基準において PQ はかなり大きな部分を占めており，いくつかの機能軸の中でも重点的に見ていく性能の1つとなっている．

4.7.2 「X-TRAIL」のブランドアイデンティティー

「X-TRAIL」のブランドアイデンティティーについて戸井 CPS は以下ように述べている．

> 「私どもでは，パーソナリティーはオーセンティック，うそをつかない，ノーギミックということずっと掲げています．だから車作りやその他の活動にしても，とにかく私たちのブランドはうそをつかないと，本物をちゃんとめざしますということです．
> 具体的にどういう方々にそれを感じていただきたいかということを，ピラミッドみたいなもの作成して説明しています．『X-TRAIL』のお客様というのは，『ア

ウトドアレジャーを友達と一緒に楽しむことによってみんなでいい時を過ごしたい』という価値観に重点を置いている方々です．この層のお客様に，手頃な大きさで，しかも中は防水仕様であるとか，300万の車にしかついていないような立派な4駆が付いている，そのかわり灰皿はついていない，そういうものを安く提供していく．非常に割り切ったコンセプトで，でもみんなが本当に必要なものを提供することによって，がんがん使える喜びということをエモーショナルに感じていただきたいと思っているんです．こういうことを通じて，このブランドがノーギミック，オーセンティックであるということを伝えたい．将来もっと安価で提供するとしても，この車は狙いも性格も非常にオーセンティックだというふうに言ってもらいたいということをいつも主眼に考えて，いろんなことをやるようにしています」

また戸井CPSは，商品企画としての「日産のブランドアイデンティティー」を決め，それを商品企画としてどう実施していくかという役割も担当していた．「一気乗り大会」はその施策のひとつである．これは日曜日に企画メンバーのほぼ全員200人ぐらいを海岸に集めて，世の中に存在している車をずっと並べ，実際に乗って評価してみる．自社や他社の車もまず冷静に見るという活動も行っているのである．

4.8 成功のポイント

日産「X-TRAIL」は開発チームのねらいどおりに売れており，また開発側が予想もしなかった新たなユーザー層をも開拓することに成功している．以下に「X-TRAIL」成功のポイントをまとめる．

(1) 顧客ニーズを生かした商品開発

第一の理由は，顧客の心に響くような商品開発を心がけ実行したことにある．それまでの日産のようにただ商品を市場に流しているだけといったスタンスでは，多様な価値観をもち目の肥えている顧客を振り向かせ満足させることはできない．いかに顧客が購入したいと思うようなきっかけ・理由をうまく作っていくかといった視点に立ち，顧客とともに商品開発を行ったことが「X-TRAIL」成功の大きな要因である．「X

-TRAIL」は旧日産の「重量級プロダクト・マネジャー」制度下で企画がスタートしているが，「お客様の立場に立つ」という基本に戻って世界各地で実際に顧客の声を聞いて歩き，その生の声を商品開発に取り入れてきた．

(2) 歴史的転換点を乗り越えた開発チームの「熱い想い」

　しかし「X-TRAIL」の決裁のタイミングが，日産・ルノーの業務提携後カルロス・ゴーンがCOOに就任し，「日産リバイバル・プラン」による改革に乗り出した時期とちょうど重なってしまった．開発チームは「コミットメント」といったなじみのないシステムに戸惑いながらも，商品を世に送り出したいという「熱い想い」で危機を突破していったのである．

　「X-TRAIL」開発のきっかけ自体はそれまでの日産に対するアンチテーゼであったが，実際の開発手法や理念などはルノーから来た経営陣をも納得させうるような非常にオーソドックスで合理的なものであり，加えて開発チームの「熱い想い」が日産の歴史的転換点における危機を乗り越え商品を世に送り出す原動力となった，ということができよう．

　日産自動車は2000年に製品開発部門の組織改編を行い，従来商品主管が担っていた職務を分担した．このためこれまで商品主管ひとりに権限が集中し不明瞭であった責任が，各担当者に分担され明確になった．一方，コミットメントやターゲットの設定により各担当者の評価基準は明確になったが，業務分掌が決まっている分責任は重くプレッシャーも増加した．各分野のスペシャリストが妥協せずハイ・レベルな議論を展開する開発体制は「説得しなければだれも動いてくれない」健全な姿である．この結果それぞれの持つ能力がブラッシュ・アップされる．また自らの企画を是非通したいという「熱い想い」がここでも重要なファクターとなっている．

　なおゴーンCOOには「コスト・カッター」の印象が強いが，実際には卓越したリーダーシップとともに，収益メカニズムを理解し会社の強み弱みをよく把握した上で改革をすすめるといったバランス感覚に富んでいる．また「顧客に対して夢を作り出すことが付加価値の源泉である」ということをよく理解しており，これまでの日産経営陣にはない改革者としての側面が垣間見られるのである．

(3) 開発担当者の多様な意識・知識

　従来の体制において商品主管となっている人物は，個性的かつユニークであった．プロジェクトの全体像が見えるためには，専門分野以外の能力開発や活動・経験が必要であった．また，人を見抜き・使い・扱う能力や人間が好きで興味があること，ネアカ，好奇心が強い，などが条件としてあげられた．

　一方，CPS の場合は，商品主管の業務内容の一部分を担当する分，より深く掘り下げる必要がある．しかし顧客のニーズや商品競争力等を他人に納得させる必要があり，マーケティングや心理学を通じ人間を扱う能力を磨くことが大事である点は，商品主管と大きく相違することはない．

　収益責任のある商品主管の原価意識は高かった．品質やコストは各担当者のやる気に左右されるが，原価管理の目的は担当者のモチベーションを高めることであった．CPS の場合，仕事の神髄は「お客さまのニーズをつかむこと」であり，ストラクチャーや原価構造・会社の仕組みを理解していることは市場予測が直感的にできるなどプラスに働く面が強い．最終製品の原価・収益構造が具体的にイメージできることで達成可能性に目星がつき，非効率な努力を回避できるからである．

　技術的専門知識は自信や強味となり，エンジニアであることのメリットは大きい．しかし車が好きだということが基本であり，性能や運転技術の知識があり車自体の競争力を評価できれば文系出身でも問題ないのである．

(4) 商品開発に臨む高いマーケティング感覚

　商品主管は指揮者のようなパートのとりまとめ役であったが，CPS はスペシャリストとしてより専門性を深めて行くことが求められている．しかし，技術と心理学やマーケティングの両方を理解する必要がある点は同じである．つまり，エンジニア出身者は心理学やマーケティング，文科系出身者は専門知識や用語，使用方法を勉強しなければいけない．特にマーケティングのプロとして人間的なつながりを大事にする必要がある．

　マーケティングの重要性に目覚めるきっかけは，海外経験等を通じて顧客の声を直接聞いたことが大きいようである．大企業論理と顧客との間に大きなギャップがあるという実感から，収益の源泉が顧客ニーズにあることに気付くのである．

　日産は「X-TRAIL」という商品を通じ，文化面で積極的にユーザーに貢献してい

くための活動や「使える道具」としての仕掛けを継続して行っている．そこには，「この車を通じて，ユーザーに楽しんでもらいたい，道具として使ってもらいたい」という開発メンバーの「熱い想い」があふれている．自動車メーカーとして人々の幸せのために何をすべきかを考え，実行していることが顧客の琴線にふれたのである．

また商品開発においては常に顧客を意識し，顧客に最も近いポジションを確保することが競争力の源泉である．したがって，顧客ニーズに響くコアの部分を他社よりもいかに早く仕掛けるかが大切であり，そのポジションに入ってくる競合には注目する必要がある．

(5) 商品企画七つ道具の有効な活用

「X‐TRAIL」の開発チームは，プロジェクトのスタート当初より「商品企画七つ道具」を開発ツールとして活用している．

日産では必ず7つすべてを活用しなければならないというのではなく，必要に応じて使うというスタンスをとっている．しかし不確実性の高い商品開発において周囲の人間を説得しプロジェクトを推進していくためにも，分析に基づいたノウハウやツールを活用することは有効な手段となっている．

顧客ニーズを把握することが最重要課題であるCPSにとっては，毎日が七つ道具の実践であり，日々手法のレベルアップを心掛け活動している．その中には経験からでてきたノウハウも多く，その蓄積と社内共有に努めている．

(6) ブランド・アイデンティティーの確立

日産は全社のブランド・アイデンティティーに関するキーワードとその達成手段を定めているが，その1つがパーシーブド・クオリティー（＝感性品質：PQ）である．これは，五感で認識できる質感を向上させ，この分野で世界のトップレベルの費用対効果を目指そうということである．PQ専門部署を設けて世界中の車のPQ値を評価するなど，要求される機能の中でも重点的なものとなっている．

「X‐TRAIL」の開発チームは，ノーギミック＝うそをつかない，オーセンティック＝本物をちゃんとめざす，ということを「X‐TRAIL」のブランド・アイデンティティーとした．この実践のために，まずターゲットを定め，割り切ったコンセプトの商品に仕上げて提供することにより，ユーザーに対して「X‐TRAIL」はがんがん使

える喜びをエモーショナルに感じられる道具であることを伝えようとしているのである．

　これらは顧客の目線にたち冷静に見つめることで，「お客さんとの間の一番近くに入りたい」という「熱い想い」を，人との出会いを有機的に結びつけることより生みだされる商品自体や企業活動を通じて顧客に伝えていくことに貢献している．このあたりにも近年日産自動車が復活したといわれる秘密の一端が垣間見えるのである．

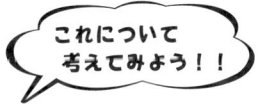

これについて考えてみよう！！

《ディスカッションテーマ案》

- 顧客の視点で見ることの大切さについて．
- 「熱い想い」の重要性について．
- 日産自動車における商品開発体制の変更の評価について．
- 自動車の商品開発とお茶・お菓子の商品開発の共通点と相違点について．

〈参考文献〉

[1] 長沢伸也，木野龍太郎：『日産らしさ，ホンダらしさ』，同友館，2004年．

[2] 神田範明，長沢伸也，丸山一彦，大藤正，岡本真一，今野勤：『ヒットを生む商品企画七つ道具　すぐできる編　商品企画七つ道具実践シリーズ』，日科技連出版社，2000年．

[3] 神田範明，長沢伸也，丸山一彦，大藤正，岡本真一，今野勤：『ヒットを生む商品企画七つ道具　よくわかる編　商品企画七つ道具実践シリーズ』，日科技連出版社，2000年．

[4] カルロス・ゴーン（中川治子訳）：『ルネッサンス―再生への挑戦』，ダイヤモンド社，2001年．

[5] カルロス・ゴーン，フィリップ・リエス：『カルロス・ゴーン経営を語る』，日

本経済新聞社，2003 年．

[6]　長沢伸也，川栄聡史：『キリン「生茶」・明治製菓「フラン」の商品戦略―大ヒット商品誕生までのこだわり』，日本出版サービス，2003 年．

[7]　「特集　会社はどこまで変われるか―日産改革の真実」，『日経ビジネス』，日経BP 社，2000 年 11 月 13 日号．

[8]　「特集　日産は本当に復活したか―ゴーンを悩ます 3 つの不安」，『日経ビジネス』，日経BP 社，2001 年 11 月 19 日号．

[9]　「特集　ゴーンが語る再生の法則」，『日経ビジネス』，日経BP 社，2003 年 1 月 13 日号．

[10]　「2003 東京国際自動車会議　自動車産業 21 世紀のロードマップ」，『日経ビジネス特別編集版』，日経BP 社，2003 年 12 月 15 日号．

[11]　天坂格郎，長沢伸也：『官能評価の基礎と応用―自動車における感性のエンジニアリングのために―』，日本規格協会，2000 年．

第5章　ワコールの婦人用下着開発
－人間科学研究所を中心とした商品開発と技術経営－

※本章は，2003年9月5日に早稲田大学アジア太平洋研究科長沢研究室のゼミ合宿において行われた㈱ワコールの執行役員・人間科学研究所所長篠崎彰大氏へのヒアリング，および長沢伸也教授と筆者が2004年5月18日に行った篠崎所長および研究開発リーダー小山真氏へのヒアリング内容をもとに，筆者が分析・考察などを加えたものである．

5.1 はじめに

　日本でブラジャーが売られ始めたのは戦後のことである．当初は輸入品のブラジャーが大量に流入してきたのだが，欧米人と日本人では胸のサイズなど体型的な違いがあったため，当時の日本人女性は，サイズの合わないブラジャーをやむなく着用することが多かった．そこに注目したのが和江商事(現ワコール)の故・塚本幸一氏である．塚本氏は，欧米のブラジャーや日本人の体型を研究し，日本人女性にフィットするブラジャーの開発・発売をした．

　日本人女性の体型を研究し，日本人女性にあったブラジャーを開発することにより，世の中の女性に美しくなってもらい，社会に貢献しようとする初代塚本社長の精神は現在のワコールにも受け継がれているという．本章では，ワコールの執行役員・人間科学研究所所長である篠崎彰大氏(以下，篠崎所長)と"シャキッとブラ"(カバーカラー下段左列および上掲写真)の商品開発リーダーである小山真氏(以下，小山リーダー)のヒアリングを通して，ワコールにおける商品開発プロセスを系統的に分析し，

ワコールの研究開発担当者に受け継がれる商品開発に対する精神と人間科学研究所を中心としたワコールの技術経営(テクノロジー・マネジメント)のあり方について探る．

5.2 ワコール概要

ワコールは，女性用インナーウェア市場のおよそ25％を占めるトップブランドである(図表5-1参照)．創業は1946年で，その会社目標に，「世の女性に美しくなって貰う事によって，広く社会に寄与する事こそ，わが社の理想であり目標であります」とあるよう，「より美しく」，「より快適に」，「より健康に」という3つの条件をバランスよく満たすことを追求する商品開発を続けてきた．

そのようなワコールの商品イメージを象徴的に表しているのが図表5-2に示したシンボルマーク"ワコールファッションフラワー"である．1979年に作られたシン

図表5-1 国内女性用インナーウェア市場シェア（2002年度）

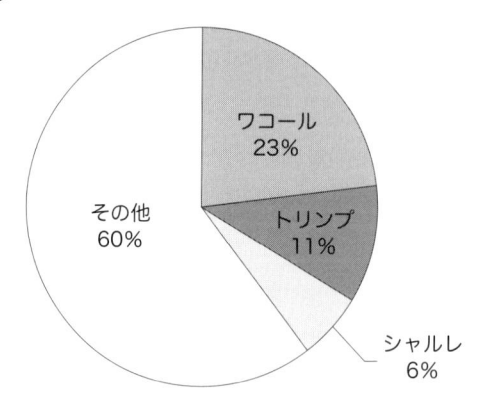

- ワコール 23%
- トリンプ 11%
- シャルレ 6%
- その他 60%

図表5-2 ワコールファッションフラワー

(出典) 株式会社ワコール

ボルマーク"ワコールファッションフラワー"は，日本におけるCI活動の走りであり，あの花をカタチづくる流れるようなラインに，女らしく，エレガントで，しかもファッショナブルなイメージが込められているという．同時に二本のリボンのような愛らしい流れに繊維・織物の柔軟なのびやかさを象徴しているとのことである．

　このように半世紀以上に渡り，日本女性の洋装文化とともに歩んできたワコールであるが，そのまなざしが今，女性の美しさから女性の生き方そのものへ，大きく広がろうとしているという．図表5-3はワコールの事業領域図である．ワコールでは，「ボディ」を「こころ」と「からだ」の総称としてとらえる視点から，自らの事業領域を「ボディデザイニングビジネス」と呼んでいる．事業領域図の縦軸にある「マインドフィット」と「ボディフィット」は，「こころ」にフィットするか，「からだ」にフィットするかを表しており，横軸にある「着たとき」と「脱いだとき」は，洋服を

図表5-3　ワコールの事業領域

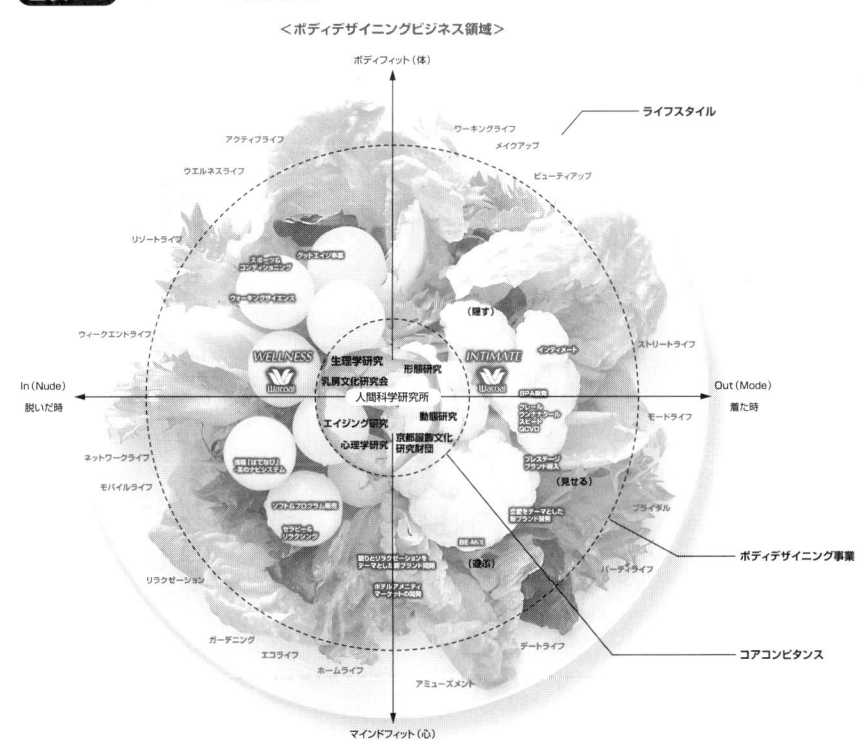

(出典)　株式会社ワコール

着たときに体を美しく見せるウェアであるか，洋服を脱いだとき(例：寝るときやリラックスするときなど)のウェアであるかを現している．この図からわかるように，ワコールでは単に「からだ」だけではなく，「こころ」という観点からもアプローチした商品開発を実行している．また，この図において特徴的であるのが，人間科学研究所がその中心にあるということである．このことは，ワコールにおけるコアコンピタンスが人間科学研究所であり，すべての情報は人間科学研究所から発信されていることを表している．すなわち，ワコールでは，"人間科学研究所"という技術を中心とした経営が行われているのである．

また，ワコールが技術志向の経営を行っていることは，以下に示したワコールの経営の基本方針からもわかる．すなわち，5つある基本方針のうち，最初の2つが「愛される商品作り」，「時代の要求する新製品開発」と技術(商品開発)志向の方針となっているのである．

"ワコール経営の基本方針"
1. 愛される商品を作ります
2. 時代の要求する新製品を開発します
3. 大いなる将来を考え正々堂々と営業します
4. より良きワコールはより良き社員によって造られます
5. 失敗を恐れず成功を自惚れません

図表5-4はワコールの商品の売上げ構成表を示している．図表5-3の事業領域図からも分かるように，ワコールでは「ボディ」を「こころ」と「からだ」の視点から，人間科学研究所におけるからだの研究成果を婦人用下着以外にも，スポーツウェアをはじめとするさまざまな事業に応用，展開していることがわかる．しかし，全売上げ1637億円(2003年度)の内，75%がファンデーション，ランジェリーであることを考えると，やはり今でも婦人用下着中心の会社であるといえる．

図表5-5はワコールのチャネル別売上げ構成を示している．百貨店が全売上げの37%と大きな売上げを占めていることがわかる．これは，ワコールが創業した当時の婦人用下着事業に対する姿勢を顕著に表している．日本にスーパー・マーケットが出現し始めた1960年ごろ，ワコールにはスーパー・マーケットから取引の要請が来

図表5-4 商品別売上げ構成表

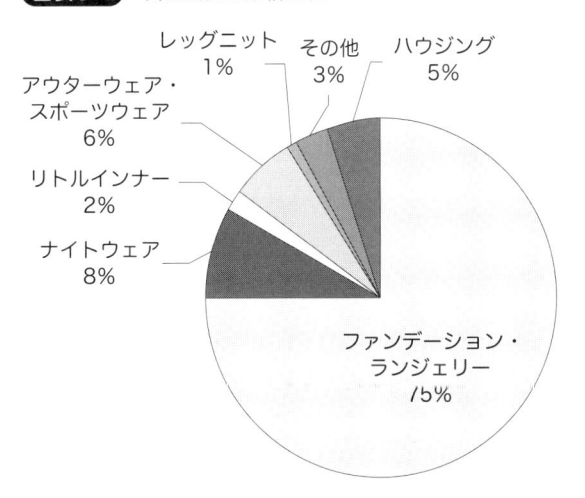

- ハウジング 5%
- その他 3%
- レッグニット 1%
- アウターウェア・スポーツウェア 6%
- リトルインナー 2%
- ナイトウェア 8%
- ファンデーション・ランジェリー 75%

(出典) 株式会社ワコール

図表5-5 チャネル別売上げ構成表

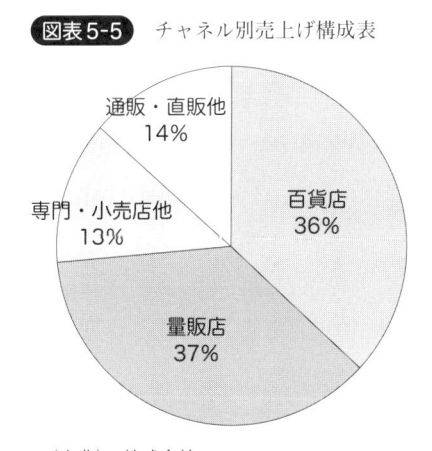

- 通販・直販他 14%
- 専門・小売店他 13%
- 百貨店 36%
- 量販店 37%

(出典) 株式会社ワコール

たという．当時のワコールの商品は，人を呼ぶ力もあり，ブランド力がつき始めたころであった．そこで，出現し始めたばかりのスーパー・マーケットが，客寄せの商品として目をつけたのである．しかし，ワコールは，この要請を断った．その理由は，「価格」で市場の足並みを乱し，婦人下着の国内市場の健全な発展の支障をきたすようなことをしたくなかったのである．すなわち，当時のワコールには，すでに，婦人

下着は「実用品」ではあるが「ファッション商品」として「付加価値」を尊重して買っていただく，すなわち，「会社」を作るのではなく「業界」を作ろうとする姿勢があったのである．そして，その業界を作ろうとする姿勢は現在も変わらず，ワコールは日本の婦人下着業界をリードしているのである．

また，ワコールにおけるチャネル別売り上げ構成において，37%の割合を占める百貨店の販売員は，ほとんどワコールの社員だそうである．その理由を篠崎所長は次のように述べている．

　「お客さまの体を知り，そしてお客さまの好みを聞き出してから，そこに並んでいる商品群，棚にある商品から，お客さまにぴったりのものを選び出すためには，体や商品のことを熟知している必要があります．つまり，新製品が出るたびに販売員を教育・訓練する必要があるのです．そのため，百貨店で場所をお借りする形をとって，販売は，ワコールの社員が担当しています」

さらに，篠崎所長は研究に対する姿勢に関して，次のように述べている．

　「ワコールのブラジャーを1枚買ってくださったお客様のお金で研究所が，様々なデータを取り，そのデータにもとづいて，商品を開発している．だから，研究所で得た知識を販売員を通して，お客様に還元するのは当然のことである．もらった限りは還元しないと自分たちの立場がない」

このような，"研究所→販売員→お客様→販売員→研究所"というサイクルを意識したワコールの商品開発は，ワコールにおいて技術経営が行われていることを象徴的に表しているといえる．

5.3　ワコールにおける商品開発プロセス

5.3.1　人間科学研究所の役割

　ワコールの経営組織図において，さまざまな事業部が存在する中，人間科学研究所は独立した部署として存在している．すなわち，下着をはじめ，スポーツウェアに至るまで，ワコールの全商品の研究開発が人間科学研究所で行われ，それらの商品情報が，研究所から発信されているのである．図表5-3のボディデザイニング領域図か

らもわかるように，人間科学研究所は，ワコールの技術経営の中核となっている．

人間科学研究所ができたのは1964年のことで，当時の社長塚本氏が，他社にない商品を作ろうとしたときに，職人芸では限界がある．もっと，科学的にやるべきだということで，製品研究部を作ったのが始まりである．それ以来，人間科学研究所では，他社との差別化をはかり，世界の一流品をめざすという意識をもって，代々研究を行ってきた．研究員のパソコンには，研究所のミッションがファイリングされており，研究員は常にそのミッションを意識した研究を行っているという．このように，初代塚本社長が目標としていた「世の中の女性に美しくなってもらうことで広く社会に寄与する」という意志は今も人間科学研究所の研究を通して，ワコールの根底に流れているのである．つまり，人間科学研究所は，初代塚本社長の意志を伝えるワコールの遺伝子的存在なのである．だからこそ，人間科学研究所は，ワコールの技術経営の中核となりえるのである．

そのような人間科学研究所の存在意義を顕著に表す言葉がある．篠崎所長が研究所長への就任時に，現社長の塚本能交氏からいわれた言葉である．

「営業できる研究所をめざすこと．研究所は事業部の下請けではない．自分たちがお客様を分析して必要だと判断したのなら，どんどん自信もって作りなさい．社内の事業部が，それを採用しなかったら，極端な話，他社に売ってもいいよ．もし，売れた場合はそれを見抜けなかった事業部が悪いんだから．それを下請けみたいになって，買ってくださいよと下手に出る必要はない．本当に正しいと思って作ったんだったら，他社に売ってもいい．特許の使用権許諾という形をとれば，いいんだから」

この言葉からわかるように，ワコール経営陣の人間科学研究所への期待・信頼は高い．また，人間科学研究所が，事業部ではできないような中長期的な開発をして，事業部がお金を出してでも買いに来るようなものを作るという役割を担っているということを考えても，人間科学研究所がワコールの技術経営の中心的存在となっていることがわかる．

このようにワコールの技術経営において，非常に重要な役割を担っている人間科学研究所であるが，その研究開発プロセスを知る上で不可欠な考え方の1つとして，"科学"と"技術"の切り分けがあると篠崎所長は続けて述べた．

5.3.2 "科学"と"技術"

　一般に，研究所といえば，技術研究所という名前を付けることが多い．しかし，ワコールでは，あえて人間"科学"研究所と呼んでいる．篠崎所長によると，そこには以下のような意味があるという．

> 「"科学"と"技術"では，その目的が違います．"科学"の目的というのは，新しい知識を得ることです．そして，その知識は，それだけでは何の役にも立たないというものです．そこには，普遍性や妥当性があり，誰がやっても同じ答えが出るものです．それに対して，"技術"の目的は，"科学"で得た知識を何らかの形で人間の役に立てようとすることです．だから，その知識をどう使うかで，出てくるものは，全然違うものになるわけです」

　このように，人間科学研究所は，"人間に関する新しい知識を得る"ことを意識した組織であるということがわかる．5.2.1で述べたように，ワコールの商品開発の中核をなしているのが，人間科学研究所であり，ワコールの商品は人間科学研究所の研究成果にもとづいている．すなわち，ワコールの商品は，普遍性のあるデータにもとづいて，開発されているということであり，ここに，ワコールの商品がヒットする必然性を見出すことができる．

5.3.3 "科学"から"技術"へ

　人間科学研究所で得た知識は，あくまでも普遍性のあるデータであり，それを商品に変えるためには，"科学"を"技術"に変える必要がある．"科学"を"技術"として活用する方法に関して，篠崎所長は次のように述べている．

> 「ワコールにおける技術者とは，デザイナーや販売員である．すなわち，デザイナーが，研究所で得た知識をデザインに応用することで，"設計技術"として活用され，また販売員がお客様に最適の商品を選ぶ際に，研究所で得た知識をもとに商品を選ぶことで，知識が"販売技術"として活用されるのです．ただし，デザインに関して言えば，研究所は，商品の色を考えたり，レースを考えたりはしない．しかし，商品原型はデザイナーへと提供しており，その点を考慮すると，人間科学研究所は，"科学"をするだけではなく，"技術"も行っているとも

いえる」

以上のようにワコールでは，次の2つのプロセスを通して商品開発が行われていることがわかる．

① 人間科学研究所における人間，衣服，環境の研究（"科学"）
② 人間科学研究所で得た知識を商品化（"科学"→"技術"）

5.4 人間を"科学"する

次に，ワコールの商品開発の第一ステップとなる人間科学研究所における研究内容についてまとめる．図表5-6に示したのが，人間科学研究所の研究領域である．その研究領域は，①人間（女性），②衣服，③環境の3つの領域に大きく分けられる．ワコールでは，それぞれの要素の定量化を試みるほか，図表5-6において，①人間と②衣服が重なる領域，すなわち，人間が衣服に対して感じる質として，i) 見た時に感じる質，ii) 着用した時に感じる質，iii) 使い続けた時に感じる質を想定し，これら3つの質の定量化も試みている．

図表5-6 人間科学研究所の研究領域

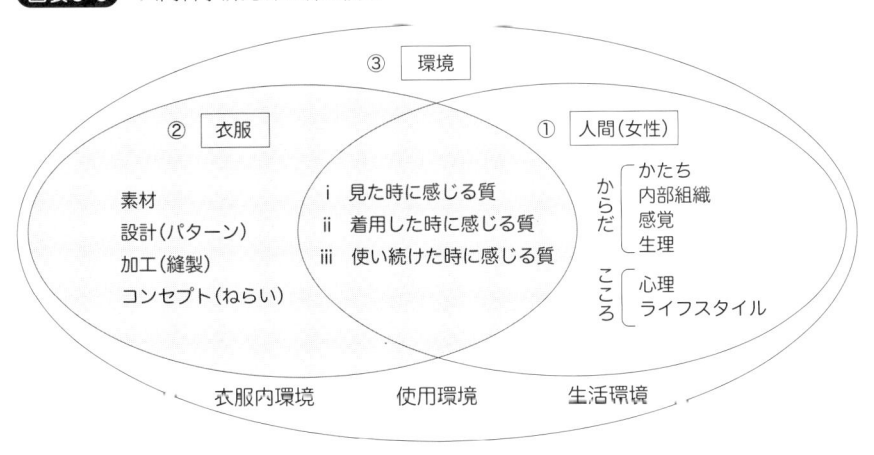

```
                        ③ 環境
        ② 衣服                    ① 人間（女性）
                                        ┌ かたち
        素材        i 見た時に感じる質    からだ │ 内部組織
        設計（パターン） ii 着用した時に感じる質      │ 感覚
        加工（縫製）  iii 使い続けた時に感じる質     └ 生理
        コンセプト（ねらい）                    ┌ 心理
                                        こころ └ ライフスタイル

            衣服内環境    使用環境    生活環境
```

（出典）　株式会社ワコール

5.4.1 人間（女性）に関する研究……体の形の定量化

人間を調べる場合，まず着用者そのものを調べようということになるわけであるが，体から心まで，やみくもに調べても何の役にも立たないので，ワコールでは取り扱う衣服と関係の深い人間の体の形から，感覚，生理，心理，柔らかさまでを調べている．

まず，体の形の調査方法についてであるが，ワコールでは次の4つの手段を使っている．

(1) マルチン式計測法

これは，世界共通の人体計測法で，現在も計測の基本となっている手法である．専用の計測器具を使い，すべて手作業で測定する．1人の女性から最大158ヵ所測定し，ワコールでは4歳から69歳までの女性を対象に，毎年およそ1000名ずつ測定し続けてきた．その結果，現在では，約3万5000人のデータをもっている．

(2) モアレ縞計測法

これは，ワコールが静岡大学との共同研究で独自に開発した装置で，体に等高線を発生させて観測する．地図のように等高線が読めて，自由自在に断面をとれるという装置である．ワコールでは，この装置を定性的な用途に使っている．すなわち，ブラジャーを着用することにより，バストの山が高くなったとか，山と山の頂点が近くなったなどを定性的に調べるのである．このような定性的な情報は，普通の写真現像で処理できるため，1974年から導入している．

(3) シルエット分析法

これは，ワコールが大阪大学との共同研究で独自に開発した測定装置で，カメラで撮影した被験者の輪郭線を抽出し，コンピュータで統計解析する．例えば，年齢ごとに得られた平均シルエットデータを比較することにより，シルエットの年齢差が視覚的にわかる．すなわち，若々しいボディラインを作るためには何をしなければいけないかがわかる．

(4) 非接触三次元計測装置

これは，レーザー光線により全身をスキャンする装置である．ソフトウェアは，ワコールが京都工芸繊維大学との共同研究で開発した．また，ハードウェアは日本鋼管が本業の測定技術を使って開発したもので，全身のデータのスキャンには，おおよそ20秒要する．この測定結果から断面はもちろんのこと，体積や表面積までわかる．

以上のようにして得られたデータをもとに，布張りのダミーを開発する．これは，商品開発時にブラジャーの製図台として使用されるもので，このようなダミーが，ワコールでは，サイズ別，あるいは年齢別にあるという．研究所ができたのは1964年であり，その当時からワコールではオリジナルのダミーを使った商品開発をしているということになる．

5.4.2 人間(女性)に関する研究……同一人物の時系列的変化

ワコールでは，同一人物の時系列的変化についても研究している．すなわち，5.4.1の手法を使って，一人の女の子が4歳から18歳になるまで追い掛けた時系列データである．ワコールでは約250名分のデータをもっている．これにより，何歳頃からバストが膨らみ始めたかとか，どれぐらいのスピードで大きくなったかといったことがわかる．同じ人の成長を追うことで，どの部位の変化が激しいか，どの時期の変化が激しいかなどを定量的に把握できる．

同様に，ワコールでは妊婦の時系列データも測定している．妊娠前の女性が妊娠後どのようにおなかが大きくなり，出産し，戻っていったかを追跡するのである．ワコールでは約300人分のデータをもっているという．このデータから，すごくおなかが大きくなる妊婦とそうではない妊婦がいることや，どの時期からバストが張ってくるか，出産後，どこからもとに戻っていくかなどを把握できるという．このデータをもとに，ワコールでは妊婦用のファンデーションを作っている．

5.4.3 人間(女性)に関する研究……スパイラルエイジング

以上のように，ワコールでは人間に関する研究結果をもとに商品開発をしてきたわけであるが，逆に，開発者がどうしても明らかにしてほしいテーマを研究したものがある．それが，ワコールが2000年に発表した「スパイラルエイジング」である．これは，同一人物の加齢変化を調査したエイジング研究で，同一人物が18歳から46歳までの約30年間に，どのように体が変化するかというのを調べたものである．約200人のデータをもとに研究された．

研究の結果，加齢と女性の体の変化には，次のような関係があることがわかった．女性は，人生に三度，体の大きな変化点を迎える．一番変化の大きいのが，37〜39歳．その次が，16〜18歳と24〜26歳．どういうことかというと，成長期が終わ

るのがこの 16 〜 18 歳．それから，どんどん美しく変化し，24 〜 26 歳で一番美しい時を迎える．そこから下り坂がはじまり，大きく転がってしまうのが，37 〜 39 歳ということである．また，体型の変化を起こす原因というものもわかってきている．

このような研究成果にもとづき，ワコールでは，ウェアで何ができるかを研究し，新製品を開発するのである．

5.4.4　人間（女性）に関する研究……感覚生理研究

感覚生理研究は，体の形の研究と並んで，人間科学研究所の研究の中でも最も大事な研究のひとつである．これは，アウターの中の衣服内環境，季節やシーン別の使用環境，着用者が育ってきた生活環境などによって変化する．

この研究の際に使われるのが，研究所内に設けられた「環境実験室」である．環境実験室では，真夏の状態から真冬の状態まで，自由自在に再現できるようになっており，その状態で感覚生理的なデータをとる．

ワコールではこの感覚生理研究を通して，人は何を心地よいと思い，何を不快だと思うかを「温熱刺激」，「皮膚刺激」，「加圧刺激」の観点から追及する．すなわち，様々な環境で，顧客に起こる刺激と反応の関係を研究するのである．

1つ目の「温熱刺激」では，夏を涼しく過ごすためにインナーでどうすればよいか，冬を暖かく過ごすためにはどうすればよいかを研究する．2つ目の「皮膚刺激」では，肌触りが良い・悪いといったことに代表される触感の刺激を研究をする．3つ目の「加圧刺激」は圧力による刺激の研究である．圧力といえば，悪いものだというのが生理学者の基本的な考え方であるが，地球上で，2本足で立ち上がった時から，人間にとって重力との戦いが始まっているわけであり，ワコールの研究によると，上手な圧力を加えれば何も加圧しない状態より快適であることがわかってきたとのことである．ブラジャーの役割も，うまく圧力を加えることで，乳房に重力がない状態を作り出すことであるという．

5.4.5　3つの質に関する研究

人が衣服を評価するときに，どのような基準で評価するかを研究するのが，3つの質に関する研究である．ワコールでは，ⅰ）見た時に感じる質，ⅱ）着用した時に感じ

る質，iii) 使い続けた時に感じる質という3つの質の定量化を試みている．スーツを購入するときを例に，この3つの質について考える．

まず，i)の見た時に感じる質であるが，これはたくさん並んでいるスーツの中から，1つだけ選んで手に取る時に感じる質である．それを1つ選ぶということは，その商品がもっている色や形が自分の好みに合っていたなど，見た時に感じる魅力が高かったということになる．

次に，ii)の着用した時に感じる質であるが，これは選んだ商品を試着した時に感じる質である．試着することで，自分の体型にフィットしているとか，肌触りや動きやすさという着け心地をチェックする．そして，その中でもっとも気に入った商品，すなわち着用した時に感じる質がもっとも高い商品を購入する．

最後に，iii)の使い続けた時に感じる質であるが，顧客は購入後も品質をチェックしている．たとえば，クリーニングに出し，戻ってきた時に，購入時と同じ形や色を維持していると，いいスーツだということで，使い続けるわけである．

以上のような3つの質というものをきっちり押さえると良い商品開発ができる．だから，官能評価などの手段を使用して，3つの質の定量化を試みているわけである．

使い続けた時の質は，耐久性テストにより，かなりの率で定量化できるが，見た時の質は，人により評価理由もことなるため，定量化がむずかしい．それでも，ワコールでは，着用した時に感じる質は，大体5割ぐらいが定量化できるという．

5.4.6 衣服（ファンデーション）に関する研究

衣服を構成している「素材・設計・加工」の各要素の情報が人間因子と関係の深い分類軸で分類整理された状態で頭に入っており，さらに各要素間の関係についても十分把握していることが必要である．素材を例にとると，素材にはその特性を示す多くの物性値があるが，その値はどのような方法で測定しているのか（試験法），そしてその値の大小は着用者にどのような影響を与えるのかを知っていたら，コンセプトメイクの素材選定時に重視すべき物性値がすぐにわかるようになる．ただそれだけですまないのはその物性値ばかり注目して素材を選んでしまうと，耐久性が悪かったり，縫製がしにくくて生産性の低い商品になってしまったりすることがある．そうならないためには，衣服の品質を総合的に把握し，それぞれの品質を物性値で説明できるようになることが必要である．

5.5 "科学"から"技術"へ

次に，人間科学研究所の研究成果を商品に変える過程，すなわち，"科学"から"技術"へと変化させる過程についてまとめる．

5.5.1 ワコールらしい商品とは

5.3節でワコールにおける"科学"と"技術"の目的の違いに対する考え方を取り上げた．"技術"の目的は，"科学"で得た知識を何らかの形で人間の役に立てることであるが，同じ知識を得ても，その使い方はデザイナーによって違ってくるという．同じように企業によっても違ってくる．ワコールの知識の使い方の方向性を規定するものが，会社の目標であると篠崎所長は述べている．ワコールの方向性をさらに具体化しているのが，"「より美しく」，「より健康に」，「より快適に」"という3つの条件である．ワコールの商品は，この条件を3つともバランス良く満たすことを追求しており，ワコールのデザイナーはこの方向性に共感して商品作りをしている．

篠崎所長はワコールにおけるものづくりに対するポリシーを以下のように述べた．

「美しくするだけだったら，締め上げてもいいわけで，健康とか，快適とは，かなりかけ離れる．よく，やせる下着って売っていますけれども，その販売方法や商品を調査すると，締め上げて食べられなくするというのが多いです．これを着けて，苦しくなっても我慢しなさい．そうするとやせますという売り方をする．これでちょっとやせたら，次はこのサイズを着けなさい．それでまたやせたらこれを着けなさいといって，セットにして売ってしまう．確かに，企業としては売れたら勝ちなんです．しかし，ワコールはそんなことはしない．国民生活センターと情報交換して，正しい知識をお客さまにお伝えする．ワコールの場合は，「より美しく」，「より健康に」，「より快適に」の3つをすべて満たすような商品を開発しようというのが方針です」

5.5.2 コンセプトメイク

ワコールにおけるコンセプトメイクの基本は，"コンセプト＝アイデア＋ベネフィット"という考え方である．すなわち，お客様は，商品を買う際，最初に商品の

コンセプトを評価する．つまり，まずベネフィットに反応するのである．次に，商品を購入した後は，本当にコンセプトどおりのパフォーマンスを発揮しているかどうかを評価するのである．ベネフィットは，ニーズの裏返しであるから，開発者がどれだけ客観的にお客様のニーズを把握するかがポイントになる．これがニーズからのアプローチによるコンセプトメイクであるが，ニーズからだけでは商品は作れないので，シーズからのアプローチも加え，ニーズとシーズの両方からのアプローチを行っている．

ニーズ優先のアプローチを行う際に重要となるのが，ニーズの構造化である．ニーズは年齢やシーン(日常生活，スポーツ，睡眠時など)によって変わるため，ワコールでは年齢やシーンで切り分けて商品のコンセプトメイクを行っている．

そして，最後に1)コンセプト，2)ニーズ，3)人間情報，4)アイデア，5)パフォーマンスの5つの情報でまとめるのがコンセプトメイクの流れである．

婦人用下着のコンセプトメイクは，婦人用ということで女性の研究員が行っていると思われがちだが，驚いたことに，ワコールにおいて，コンセプトメイクの多くは男性社員が行っているという．それは男性の方がニュートラルにお客様の立場に立って評価できるからだという．すなわち，男性の場合，自分で着用できないから余計にモニターの着用評価を客観視できるのである．一方，女性社員の場合，ついつい自分で着用したときの評価が先入観になってしまい，いろいろなお客様の声が耳に入りにくくなってしまうこともあるのだという．

5.6 商品開発事例〜「シャキッとブラ」の開発〜

「シャキッとブラ」は，2002年秋のキャンペーン商品として発表された，人間科学研究にもとづいて美しい姿勢をつくる，新発想のブラジャーである．その年の秋冬シーズンだけで80万枚を販売したヒット商品で，その後，「シャキッとブラ」のコンセプトは，パンツ，ガードルなどへと展開され，さらには，カラーバリエーション，デザインバリエーションを増やし，2004年現在でも，ワコールの代表的商品となっている．

ワコールでは，「シャキッとブラ」の開発に5年の月日を費やしており，その間，ありとあらゆる"科学"(研究)が行われ，"技術"から"科学"への変化プロセス(商

品化)にも，かなりの時間が費やされた．本節では，新発想のブラジャーである「シャキッとブラ」の開発事例を紹介する．5.4節，5.5節で述べたワコールにおける商品開発をイメージするための一助としてほしい．なお，本事例の紹介に際しては，事業部側ではなく，できる限り人間科学研究所側の視点から着目する．

5.6.1 商品開発背景

「シャキッとブラ」は，"ファンデーションは脱いだら終わりだが，脱いでも終わらないものは作れないか？着ることによってからだをつくることができないか？"という発想をきっかけに誕生した．そのため，従来のブラジャーではバストを"寄せて上げる"という，バストそのものを美しいシルエットに見せるコンセプトであったのに対し，「シャキッとブラ」では，"肋骨に働きかけて，背筋を伸ばす(ボーンコントロール)ことにより，姿勢を美しくする"という「姿勢美」の追求に重点を置いたコンセプトとなっている．

このコンセプトの背景には，「CW-X」というヒット商品の存在があった．「CW-X」は，運動用スパッツで，テーピングの機能をもち，運動時に筋肉疲労を軽減するだけでなく，運動機能を高めることができる商品である．米国メジャーリーグ，シアトル・マリナーズのイチロー選手が愛用していることでも知られている．「シャキッとブラ」の開発リーダーであった人間科学研究所の小山真氏は，「シャキッとブラ」開発以前，「CW-X」の改良に携わっていた．そこで，小山リーダーは，「今度は，ブラジャーで骨や筋肉に働きかければ，姿勢を美しくできる」と考えたそうである．このようにして，「シャキッとブラ」の開発はスタートした．

図表5-7に示したのは，ブラジャーのポジショニングマップで，造形感(縦軸)とシャキット感(横軸)を用いて分数整理したものである．中央の楕円は，一般的なブラジャーの分布を表している．ワコールでは，官能評価により，この分布を求めた．なお，官能評価とは，人間の五感(視覚，聴覚，味覚，嗅覚，触覚を含む皮膚感覚)や体感(深部感覚，平衡感覚，内臓感覚)で品質を評価する作業をいう．

図表5-7からも明らかなように，一般的に，シャキット感と造形にはリニアな関係が存在することがわかる．また，「シャキッとブラ」は，そのコンセプトからもわかるように，このリニアな関係を追及した商品であるといえる．余談ではあるが，ワコールが「シャキッとブラ」の翌年に発売した「感じるブラ」は，一般的なブラ

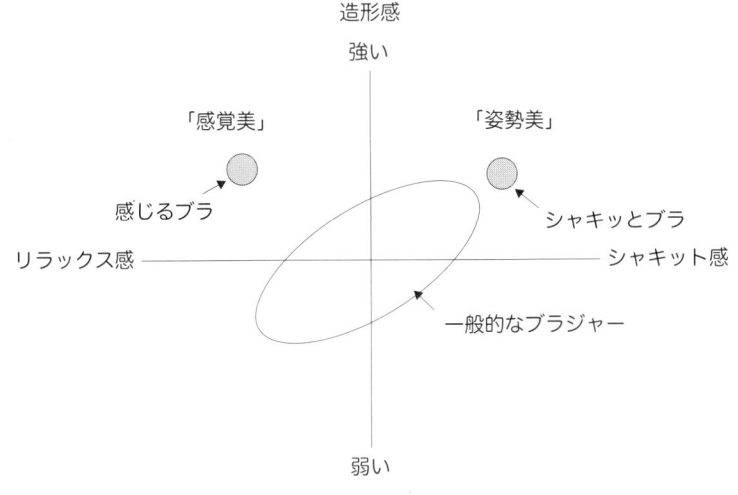

図表5-7 婦人用下着のポジショニングマップ

(出典) 株式会社ワコール

ジャーに見られるシャキット感と造形のリニアな関係を打ち崩すことを目標にしたブラジャーであるとも考えられる．

5.6.2 「シャキッとブラ」の開発に見る"科学"

「シャキッとブラ」を開発した5年の間に人間科学研究所では，市販されている姿勢矯正商品の効果測定，現代女性の姿勢の変化と姿勢に対する意識の変化調査，着用試験，コンセプトの受容性評価など，様々な"科学"を実施した．以下にその研究結果を一部紹介する．

(1) 加齢にともなう姿勢の変化

同一人物200名の18歳から46歳までの時系列体型変化を分析した結果，姿勢は3つのプロセスをたどって変化していることがわかった(図表5-8)．1つめのプロセスが，美しい姿勢への調整が行われる「調整期」，2つめが，その人なりの姿勢が定まってくる「安定期」，3つめが安定していた姿勢のバランスが次第に変わり始める「変化期」で，その間に姿勢の垂直性が変化する．

垂直性に関しては，19〜26歳では安定せず，猫背気味で垂直性が悪い状態だが，27歳以降ほぼ垂直になっていく．

図表5-8 加齢に伴う姿勢の変化

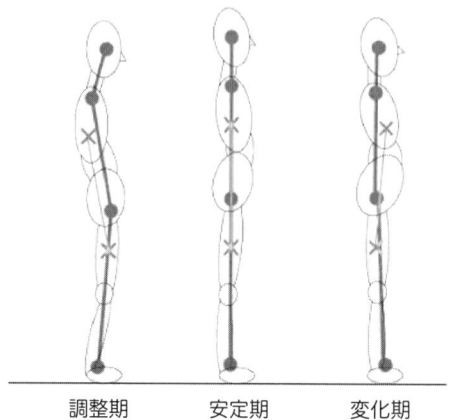

調整期　　　安定期　　　変化期
19～26歳　27～36歳　37～46歳

○－○：骨のポイントの垂直性
×－×：上半身と下半身の重力の垂直性

（出典）　株式会社ワコール

（2）　日本人女性の姿勢の変化

次に，人間科学研究所では，姿勢を"普通"，"平らな背中"，"後傾した背中"，"丸い背中"の4つのタイプに分類し，最近10年間における20歳代の姿勢のタイプ別出現率の変化を調べた（図表5-9）．その結果，10年前と比較して，猫背気味の"丸

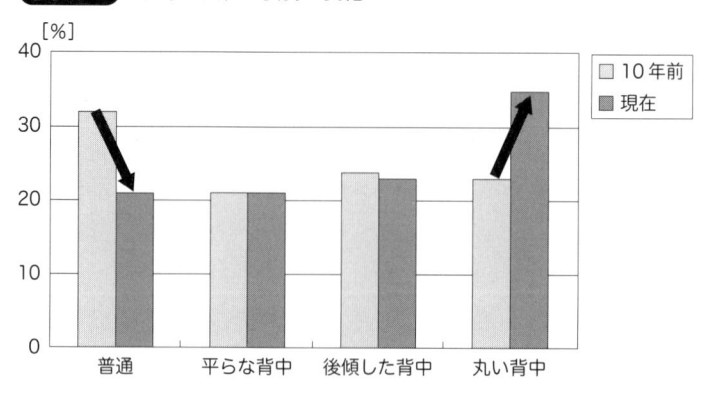

図表5-9 日本人女性の姿勢の変化

い背中"の女性が10％程度増加していることが判明した．また，姿勢に対する意識に関しても，「姿勢が悪いと思う」という人が47％から51％に増加していることも判明した．

以上のデータより，20歳代女性は，時系列変化の観点から猫背気味であるのに加え，最近では，その傾向が強まっており，その意識も強いことから，姿勢を美しくするブラジャーの需要があると推測された．

(3) 背筋を伸ばすメカニズム

市場ニーズは確認できたものの，それを商品として実現するまでには数々の困難をともなった．モニターの背中や肩にスポーツ用のテープをX字や縦に貼ってみたり，姿勢を良くするために，背筋を真っ直ぐに固定できるブラジャーや骨盤を固定できるロング丈のブラジャーを作るなど試行錯誤を繰り返したが，いずれもブラジャーにしてはゴツすぎるものであった．そして，3年の月日が経過した．

そんな折，小山リーダーは昭和大学藤が丘リハビリテーション病院の理学療法士である山口先生に相談する．そして，二人で話し込んでいるうちに，思いついたのが，深呼吸の状態である．山口先生が小山リーダーの両脇を手で押さえ，肋骨を引き上げた．すると，無理なくきれいな姿勢が保てたのである．この状態は深呼吸した状態に似ていると小山リーダーは気づいた．すなわち，深呼吸をすると，背筋が伸びる．背筋が伸びたら，肋骨は楽に上下運動する．そして，その深呼吸の力点となるのが胸筋で，胸筋によって，胸が上がり，背筋も伸びた美しい姿勢になるというしくみである．

このようにワコールでは，大学や病院の先生からアドバイスを頂いたり，共同研究することは多々あるという．篠崎所長は，産学連携に関して以下のように述べている．

> 「人間科学研究所の歴史は産学連携の歴史である．発足時に，人体の計測を始めたのも，大学との共同研究である．まず，先生から科学的な知識を教えてもらい，自分たちでその後，モニターを使った人体計測で追試し，検証する．そうやって，人間科学研究所は発展してきた」

現在，ワコールが共同研究する分野は，医学，運動生理学，人間工学，心理学，バイオメカニクス，薬学など多岐にわたり，その共同研究者数は50人を超えるとい

う．

5.6.3 「シャキッとブラ」の開発に見る"科学"→"技術"

深呼吸で背筋が伸びるメカニズムにもとづき，人間科学研究所では呼吸するときの肋骨の斜め上への動きを脇から支えて深呼吸したときと同じ状態をつくりだそうと考えた．そのために，肋骨に一番力を加えやすい胸と背中の大きな筋肉の中間の部分に，シートを付け，このシートを作用点とし，ブラジャーの後ろのホックを支点にして作用させることで，肋骨を持ち上げるしくみを考えた．こうすることで，背筋を自然に伸ばすことができるのである．

以上のようにして，設計された「シャキッとブラ」の原型は，ブランド事業本部の商品企画チームに引き継がれた．商品企画チームは，開発原型を実際の商品に仕上げていく役割を担っている．商品企画チームは，「シャキッとブラ」の原型をはじめて見た瞬間，一蹴したという．小山リーダーは「まるで鎧みたいなブラジャー．これ，どうやってタンスにしまうの，と突き返された」と苦笑する．

しかし，そんな商品企画チームも今までにはなかった，姿勢に着目したコンセプトには賛同し，新素材のシート開発に乗り出し，最終的に商品化へとこぎつけたのである．このようにして，商品化された「シャキッとブラ」は，呼吸する際の骨格の動きにもとづいて設計しているため締め付け感がなく，動いても快適で，無理なく背中がシャキッと伸びて，バストも自然に上向きになった．

5.6.4 さらなる技術経営へ

「シャキッとブラ」は，新発想のブラジャーであったため，商品化に際し，商品企画チームの要請で，タスクチームを組み，社内への浸透と導入を試みたという．チームメンバーは，30歳前後の中堅社員を中心に，人間科学研究所員，デザイナー，製品企画，宣伝，パターナーなどから集められた．

タスクチームは，商品のネーミング決定，CMコンセプトの作成，インターネットでの受容性調査，特許調査などを行った．なお，「シャキッとブラ」の宣伝で有名となった"ボーンコントロール"という呼び名も，このタスクチームがお客様に少しでも新しいコンセプトを受け入れてもらいやすいようにと発案したアイデアである．

このように若手社員がクロス・ファンクショナルなチームを組んで，最後の商品化

提案まで実行することは，ワコールではめずらしい試みであった．「シャキッとブラ」導入の際のタスクチームの成功により，その後，人間科学研究所とものづくりの現場のメンバーの交流が深まり，ワコール社内のクロス・ファンクショナルなやりとりが深まったという．このようなやりとりを通して，人間科学研究所がよりコアコンピタンスに近づき，ワコールにおける技術経営が進化したと考えられる．

5.7 成功のポイント

今回の篠崎所長，小山氏へのヒアリングを通して明らかとなった「シャキッとブラ」をはじめとするワコールの商品開発成功のポイントは以下の点である．

(1) "科学"的アプローチによる商品開発

「シャキッとブラ」の開発に関して言えば，現代女性の姿勢の変化や姿勢に対する意識をデータとして把握し，それを商品として表現することができた．さらに，モニターを使った着用テストなどの官能評価により，その有用性を確認する．このような"科学"的アプローチによる商品開発プロセスが確立されていることは，ワコールの商品開発の成功のポイントといえる．さらに，一連のアプローチが"科学"的であるからこそ，必然的に「シャキッとブラ」をはじめとするヒット商品が生まれると考えられる．

(2) 「他社にはない商品作り」に対する研究員の熱い想い

人間科学研究所の研究員一人一人は，初代塚本幸一社長の志である「世の中の女性に美しくなってもらうことにより，広く社会に貢献する」という意識のほかに，塚本社長が人間科学研究所を設置した目的であり，研究所のミッションである「ワコール製品を世界の一流品にする」という意識をもって研究している．このように，塚本社長の婦人下着に対する熱い想いが現在の研究員にも脈々と伝えられ，それが研究員共通の熱い想いとなり，研究が行われている．このように人間科学研究所の研究員全員がひとつの目標に向かって共通の熱い想いをもって研究していることが人間科学研究所の強みであり，ワコールの商品開発成功のポイントと考えられる．

(3) 40年以上にわたる人間科学研究所における研究成果の蓄積

　ワコールの商品開発の際に不可欠となる，ダミー（立体製図台）などの設計道具や人間の堅さを再現させたソフトダミーなどの評価道具は，人間科学研究所の40年以上にわたる人体測定の蓄積データに基づくものである．商品開発の際に1000人以上のモニターの中から被験者を選定し，着用テストや受容性試験を実施することが可能であるのも，人間科学研究所が長年に渡り，モニターを集めてきた成果であるといえる．さらには，「シャキッとブラ」の開発事例で取り上げたような，コンセプトの実現に際し，大学や病院をはじめとする研究機関の先生の協力が得られるのも，人間科学研究所が発足当時からその研究方針に賛同してくれる先生方との関係を築き上げてきたからこそである．以上のように，ワコールの商品開発の成功の裏には，人間科学研究所における研究成果の蓄積があることがわかる．

　篠崎所長も，ワコールの商品開発の強さのポイントを，次のように述べている．

　「他社にない評価道具を持ち，他社にない設計道具を持ち，他社にない人間情報にもとづいて研究開発していることがワコールの強みである．今までの成功した商品は以上の3つのポイントを使っている．すなわち，成功させるためのポイントは，これらの他社にない強みを生かしつつ，1人の開発者としては顧客に学ぶという姿勢から開発することである」

(4) チームメンバーを引き付けるプロジェクト・リーダーの資質

　「シャキッとブラ」のプロジェクト・リーダーである小山リーダーに実際に会い，取材する中で感じたのが，人を引き付ける強い眼差しである．篠崎所長の話によれば，「シャキッとブラ」開発前から，小山リーダーの仕事は人一番速かったということであり，その行動力をはじめとする人を引き付ける力がプロジェクト・チームを成功へと導いたと考えられる．

　ワコールの数々のヒット商品の開発プロジェクトに携わってきた篠崎所長は，商品開発に成功した（適している）と思われる人材の共通点について，次のように述べている．

　① 何か特徴をもっている．

仕事のスピードが速い人材や，コンピテンシー能力の高い人材，論理的発想がしっかりできる人材など，何か特徴をもっている人材．逆に，適していない人は，仕事や反応が遅い人材．
② 素直である．
　分からないことをいつまでも1人で抱え込んでいるのではなくて，分かっているところまでをまとめて開示し，周りからのアドバイスを受けやすい状況を作るとともに，そのアドバイスを素直に聞ける人材．
③ 頑固である．
　いいものを作りたいという執着心が人一倍強い人材．
④ 人の協力を得られる．
　周りの人間が自然と協力したいと感じる個性を持つ人材．

　篠崎所長が挙げた共通点はどれもチームを引き付けるリーダーの共通点であり，特に2番目と3番目に上げた"素直さ"と"頑固さ"という点は，5.6節で紹介した人間科学研究所発足当時の大学との共同研究に対する姿勢に相通じるものがあり，これは，ワコールらしい人材を特徴付けるものと考えられる．

(5) クロスファンクショナルなタスクチームを採用したこと．
　「シャキッとブラ」が従来なかった新発想のブラジャーであるということを考えた場合，30歳前後の若手社員をクロスファンクショナルに集めて作ったタスクチームは，発想力，行動力の面から大きく成功に寄与したと考えられる．このタスクチームがきっかけとなり，ワコール内でのクロスファンクショナルな情報のやり取りがその後深まったことからワコールの技術経営を考えるうえでも，このチーム発足は大きな成功であったといえる．

付録：商品開発担当者へのアドバイス—ぶらぶら社員の経験を通して

　最後に，篠崎所長より，ご自身の経験にもとづく商品開発担当者への貴重なアドバイスを頂くことができたので，ここに記載する．
　ワコールには，"ぶらぶら社員"という制度があった．"ぶらぶら社員"とは，仕事

は一切外れて，会社に出社することなく，好きな研究をする職務である．篠崎所長は，入社6年目の28歳のときに"ぶらぶら社員"制度を適用第1号として経験され，大阪大学や京都工芸繊維大学の研究室に行くほか，各種ハイテクショーを見回ったり，女子大の謝恩会や文化祭など，普段会社勤めをしていると経験できないことを数多く経験されたという．その経験を通して，篠崎所長が得た教訓が以下の8個の結論である．

結論1：新聞や雑誌は信用するな！
　「特に業界紙は信用するなというのを，僕は感じました．いろいろな新聞を見て，記事に書いてあるところを訪問した結果感じたことですが，事実は書いていません．『ここでこの人はこういうことを言っています』ということを書いてある．『それが事実かどうかは知りません』というのが，新聞社の考えです．新聞社の方にも確認したら，『そうです』と．だから，新聞を見てわかったつもりになるのは大間違い．事実かどうか確認するのは，自分でやるべきだと思っています」

結論2：立派な本に書いてあるものは，もう古い！
　「本を見たら，ああ，これは良さそうやと行くのでは，もう手遅れです．新しいものは，（今はもうネットですけど，当時は）学会での発表とか小さな勉強会でのやりとりにあります．そういったところにどれだけアンテナを立てているかというのが良い研究者の心得だと思います」

結論3：お土産を持って行け！
　「相手の本音を聞き出すためには，お土産が要ります．それはお金じゃなくて，お菓子でもなくて，情報です．自分たちにとってもう要らなくなった情報でも，相手にとっては良さそうなものを持っていきますと，相手の本音が聞き出しやすくなります」

結論4：どんなむずかしいことでも，必ず自分の言葉に置き直して確認するべし！

「いろいろなところで話を聞いたのですが，その際，心掛けたことは，相手の方がおっしゃったことをおうむ返しするのではなく，自分が理解した言葉に置き換えて，意味を確認することです．つまり，どんなむずかしいことでも自分の言葉に置き換えると，自分の理解も深まりますし，うそが見抜けるんです．つまり，横文字を並べられると何かすごいもののように聞こえてしまいますが，そうならないように自分の言葉に置き換えて確認すると，本物かうそかというのが見抜けるということです」

結論5：自分を知ることは大切である！
　「自分の会社で当たり前のことが他社にとってはすごいことであったり，自分の会社ですごいことが他社にとっては当たり前だったりと，自分の会社だけ見ていると，自分の会社の強みとか，あるいは自分自身の強みも分からないんですけども，外に出て他社を見て回ると，自分の強みというのが分かってくる．つまり，自分の強みとか弱みを認識する大切さがわかります」

結論6：どんなにすごいと思ったアイデアでも，必ずだれかが考えている．
　「自分で開発しようと思って，いろいろアイデアを出してみましたけど，ほとんど先に誰かが考えている．でも，考えているだけであって，具体的なものになっている事は少ない．大切なのは，そこから物に変えることです．それをやる時に，すごいエネルギーが要るんです．やるということは，すごく大事で．思いつきが，やることで，どんどん具体性を帯びてきて，新しい可能性が出てくる．だから，やるということは大事ですね」

結論7：本業をしっかりやっている会社から出た産物は本物だということ．
　「たとえば，非接触三次元計測装置．あれは，日本鋼管が鋼管を性能良く作るために測定していた技術を人間を測定する装置に応用したという例です．つまり，本業から生まれてきたものは，すごい．というか，本業をしっかりやっているところから出たものは，すごい．だから，すごくきれいなオフィスで，これが先端技術ですと，やっていたところは，大抵今なくなっていますね．周りを見て

いただくと，ほとんどないです」

結論8：他人のふんどしで相撲はとってはいけない．
　「ワコールがかかわる限りは，ワコールのかかわっている価値を出さないといけない．相手が小さい会社だからといって，その会社ごと取り込むというスタンスでは駄目です．また，自分だけ良しというスタンスでは，絶対コラボレーションにならない．相手も良しというスタンスでないと，うまくいかない．他人のふんどしで良い相撲はとれないということです」

> これについて
> 考えてみよう！！

《ディスカッションテーマ案》

- 人間科学研究所を中心とした商品開発がいかに同社の競争力の源泉となっているかについて．
- なぜ他社のように「中央研究所」とか「基礎研究所」ではなく「人間科学研究所」としているかについて．
- いかに顧客を取り込んだ技術経営がなされているかについて．
- 婦人用下着の開発リーダーが男性であることの可否について．

〈参考文献〉

[1] 住谷宏，塚田朋子：『企業ブランドと製品戦略　右脳発想の独創性』，中央経済社，2003年．
[2] 知覧俊郎：『ヒットの秘密』，タスクIT新書編集部，2001年．
[3] ワコールWebサイト，http://www.wacoal.co.jp/
[4] ワコール　広報室，「Wacoal Annual Handbook2003」，2003年．
[5] 東京芸術大学美術解剖学研究室，『美術解剖学雑誌』，vol.8，No.1，2003年．
[6] 天坂格朗，長沢伸也：『官能評価の基礎と応用－自動車における感性のエンジ

　　　 ニアリングのために一』, 2000 年.
[7]　日本経済新聞社, Web サイト, http://www.nikkei.co.jp/report/100seikatu.html
[8]　『日経コンピュータ』, 日経 BP 社, 2002 年 12 月 2 日号, P64.
[9]　『日経ビジネス』, 日経 BP 社, 2002 年 11 月 4 日号, pp.56 − 58.

第6章 キタックの環境ビジネス
－地域密着型企業におけるMOT－

※本章は，長沢伸也教授が2003年10月24日に行った㈱キタックの中山輝也社長へのヒアリング内容をもとに，筆者が分析・考察などを加えたものである．

6.1 はじめに

本章では，新潟を中心として北陸地域に展開し，建設コンサルタントを主な事業とする株式会社キタック(以下，キタック)の新事業進出の決断や取り組みについて，MOT(Management of Technology)の側面から考察を行う．

近年，三位一体改革や財政健全化などを背景とする公共事業削減の流れの中で，建設業界全体が活力を失ってきている．そうした困難な事業環境にあって，キタックは新規事業(第二創業)として環境ビジネスに進出するなど積極的な事業展開を図っており，地方発の積極的な新事業開発は注目に値する．

6.2 キタックの概要

キタックは，昭和48年(1973年)，創業者の中山輝也社長(以下，中山社長)により「北日本技術コンサルタント」として設立された．会社の名称は，平成元年(1988年)にCIを実施し，現在の「キタック」としている(図表6-1)．

キタックの業務領域は地質調査を中心とし，計画立案から調査設計，解析評価，施工管理，維持管理までを担う総合建設コンサルタントである(図表6-2)．中山社長

図表6-1 キタックのCI

Knowledge　知識
Intelligence　知恵
Technology　技術・科学
Amenity　快適環境
Culture　文化・教養

（出典）中山輝也著：『天の時　地の利　人の和』，クリエイティブ蒼風．

は建設コンサルタント事業を「高度な技術サービスを顧客に提供し，結果として社会に貢献する知的産業」（キタック会社案内）と位置付けている．

そして，活動地域は本社をかまえる新潟をベースに，設立後まもなく東京分室を開設，福島，上越，東北方面に次々と拠点を形成するなど，はやくから東日本地域に密着したビジネス展開を行っている．加えて，平成4年(1992年)には，中国のハルビンにも事業展開するなどグローバルにも事業展開している．

創業以来順調に業績を伸ばしたキタックは，平成10年(1998年)にJASDAQに株式上場し，北陸地域屈指の総合建設コンサルタントとなった．

図表6-2 キタック事業内容

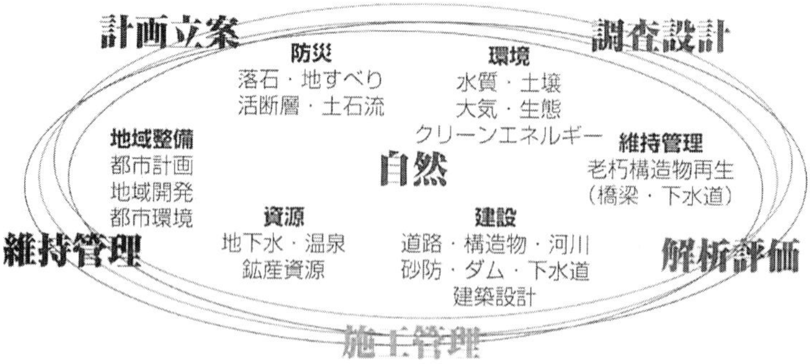

計画立案　　　　　　　　　　　　　　調査設計

防災
　落石・地すべり
　活断層・土石流

環境
　水質・土壌
　大気・生態
　クリーンエネルギー

地域整備
　都市計画
　地域開発
　都市環境

自然

維持管理
　老朽構造物再生
　（橋梁・下水道）

資源
　地下水・温泉
　鉱産資源

建設
　道路・構造物・河川
　砂防・ダム・下水道
　建築設計

維持管理　　　　　　　　　　　　　　解析評価

施工管理

（出典）株式会社キタック会社案内

そして近年は，創業時からの建設コンサルタント事業のほかに，後に詳述するが，いわゆる第二創業として，環境関連事業に進出し，さらなる発展が期待される企業である(図表6-3)．

図表6-3 キタックの概要

KITAC
株式会社キタック

創業：昭和48年(1973年)2月
創業者・社長：中山輝也
業種：建設コンサルタント
本社所在地：新潟県新潟市
上場：平成10年(1998年)10月2日(JASDAQ)
売上高：24億2,400万円(2003.10)
従業員数：152人(2003.10)

(出典) キタックホームページ(http://www.kitac.co.jp/)

6.3 技術起点の経営

6.3.1 創業者の経歴

創業者の中山社長は，昭和35年(1960年)新潟大学理学部地質学科を卒業した．地質を専攻としたのは，戦後の資源ブームにより，社会で必要とされる実学を学ぶためであった．しかし，昭和35年から就職先が乏しくなり，石油技術者への希望もかなわなかった．金属や鉱山など探査は外国の企業が強く，日本の企業は太刀打ちできなかったのである．そこで，中山社長は地質に一番近い就職をと考え，土木に関する分野を選択し，応用地質株式会社(以下，「応用地質」)に入社したのである．このときの心境について，中山社長は，

「理学部を卒業した当時は，学者になるなら別だと思いますが，大体は高校教諭になるか，中でも優秀なのは国家公務員になるか，あとは自治体に入るくらい

> しかありませんでした．そんな状態で，たまたま大学の先生が斡旋してくださった民間の研究所で，財団法人と株式会社を兼ねたところに就職しました．当然ベンチャーです．当時60人ぐらいの会社でしたが，とりあえず入ったんです」

と語っている．当時の応用地質では，中山社長と同様に地質を専攻し就職口がなかった旧帝国大学出身の優秀な人材が多かった．

そして，翌年，中山社長は郷里に戻る必要から新潟県庁の職員採用試験を受験，合格し採用された．中山社長はこのときの心境について

> 「もともと，大学を卒業した時に，一度念のため役人になることになってたんです．それを蹴飛ばしてそのベンチャーに就職してしまったので，改めて就職するんですからまた試験を受け直して入ることになりました．それは，やっぱり大変でした．（ベンチャーへの就職で）2年遅れていましたから」

と述べている．そして，約11年間の新潟県庁における業務について中山社長は

> 「職務においても立場以上のことを委せられた．建設省との協議，会計検査院との折衝，さらにダム計画の立案等に明け暮れ，結構，燃える日々であった．公共事業が全国で最も盛んな地方自治体である新潟県庁で，上司に認められ，勝手なことを言えて，自分の持つ技術も適当に用いられ，研鑽も出来，対外折衝は委せられる．三十歳台半ばの少々怠け癖のある男にとって，この上ない至福の職場であったことは間違いない」（『天の時　地の利　人の和』より）

としている．また，中山社長は，技術系の職員でありながら，対人的なスキルが高く，重宝がられたようである．

> 「重要な会議に土木職の職員をおいて私を出すんですよ．そうすると，わりとコミュニケーションよく会議ができたんです．例えば会計検査でつかまりますね．国会報告に行く手前，いろいろ折衝をするのですが，事が大きくならないよう一生懸命やりました」

とも述べている．

そして，昭和45年(1970年)中山社長は技術士の資格を取得した．技術士資格の

取得について中山社長は，

> 「技術士という資格がありますが，私はそれを，ちょうど県庁を退職する3年前に取っていたんです．前のベンチャー企業に行った連中が受けるというから，私は運試しに受けたんです．たまたま，あの当時，地方の公務員で技術士をめざす人間はいませんでしたので，受験する人間はいないし，受験しても大体合格しませんでしたね．それはやはりベンチャー企業に2年間いたということがかなり左右しました」

と述べている．

昭和48年(1973年)，中山社長は新潟県庁を退職し，キタックの前身である北日本技術コンサルタントを設立した．新潟県庁を退職するにいたった経緯について，中山社長は次のように述べている．

> 「ベンチャーから移る前は，毎日，2時3時まで仕事をしていました．ところが県庁に来たら，終業の鐘がなればみんな帰ります．お昼の11時頃からラーメンとって食べたりして『情けないな』と思いました．そんなことがたび重なって，『これは(自分が)駄目になるのではないかな』と思いました．そして，給料はけっして高いわけじゃないですからね．『変なところにはまってしまったな』と思いました．それから，知事部局へ異動し，忙しい毎日を過ごしたのですが，上に先輩方がいっぱいいて，『これなら課長なんかになれないだろう』と思ったんです．技術士であるし，それだったら県庁を辞めて商売をやろうかなと思いました」

6.3.2 技術起点の創業
(1) 技術士資格のもつ競争力への気づき

前述のとおり，中山社長は地質関連ベンチャー社員および新潟県庁の技術職員としての職務経験，そして技術士の資格を取得し，創業を決意した．そして，中山社長は，地質技術をコアとして前述の北日本技術コンサルタントを創業したが，創業時において，ビジネス成功の見込みについては，ある程度の確証を得ていた．中山社長へのインタビューによれば，

図表6-4 創業者中山社長の経歴

昭和35年（1960年）	新潟大学理学部地質学科卒業
昭和35年（1960年）	応用地質株式会社入社
昭和36年（1961年）	同社退職
昭和36年（1961年）	新潟県庁入庁
昭和45年（1970年）	技術士（地質）資格取得
昭和48年（1973年）	同庁退職
昭和48年（1973年）	北日本技術コンサルタント株式会社設立
平成 元年（1988年）	財団法人環境地質科学研究所設立

（出典）中山輝也著：『華甲に想う』，クリエイティブ蒼風．

「（応用地質について）地質調査の会社が儲かっているということはわかりました．儲かっているということはわかりましたけれど，まだ学校出たての人間が，いくら儲かるかなんてことはわかりませんでした．ただ，いい仕事はやりました．夜中までいろんな資料を集めたり研究したりしました．それが役所に入ったら，ぬるま湯でしたから．それでもそういう人達を，今度は（発注者として）使う立場になり，そういう時には非常にいい糧になりました．逆に今度，彼らがどれくらい儲かるかということがわかってきたのです．そうすると，（ビジネスを）やって生活できないことはないんじゃないだろうかと思いました」

と述べている．そして，中山社長は技術士の資格が地域において競争力を有することを新潟県庁の業務を通じて認識していた．この点，中山社長は，次のように表現している．

「そのころ，地方で技術士をもっている者はほとんどいませんでした．ちょうど中央の大きなコンピュータをもっているところでも，新潟県の仕事だけは（技術士がいるから）気をつけろというんです．いい技術者を張り付けたりしてくれた．そういう連中とも付き合っていました」

また，中山社長は，「技術士資格がなかったら，商売はやれませんでした」ともコメントしている．中山社長が創業する際の決め手は，やはり技術士資格であったようである．

(2) 会社設立の経緯

前に述べたように技術士資格にビジネスの競争力があったとすれば，技術士事務所を開業し，個人でビジネスをはじめる方法もあったはずである．この点，中山社長は，個人事務所開業という方法ではなく，会社を創業する方法を選択した．その理由について中山社長は次のように述べている．

> 「会社を興したのは，建設業界という官庁相手の仕事では，個人というのはほとんど認められません．ファームを形成していませんと．なぜなら，（個人事務所であるとその個人が）ぽっくりいったらもう，どうにもなりませんから」

こうして，中山社長は，創業するにあたり資本金の原資として親族から400万円の資金を調達し，メンバー4名とキタックを創業した．創業する環境については，現在では起業を支援するためにさまざまなしくみや支援体制が整備されている．しかし，キタック創業当時の状況について中山社長は，

> 「（起業支援制度などは）全然ありませんでした．我々のころは，ベンチャーなんて言わず，『脱サラ』と言ったんです．（起業することに対しては）むしろ冷たい目で見られました．（新潟県庁のような）寄らば大樹の陰をなんで捨てたと，逃げ出したといわれました」

と述べており，現在よりも厳しい環境にあったことが推察される．

(3) 死の谷の克服

一般に，創業当初は取引や業務の実績がないことから，販路開拓に多大な時間と労力を割かざるを得ず，いわゆる「死の谷」に陥ることが多い．実際，中山社長も創業当初を振返って，次のように述べている．

> 「事務所は義兄が使っていた事務所を譲り受けまして．今でも思い出しますけれど，4月1日，ボロボロでしたから，そこに日が差すと，なんとも言えない寂しさがありました．本日から何もない．仕事ももらえない．さて，どうなるんだろうという思いでした．資本金しかないわけです．それは一番，なんとなく情けない感じがしました．（経費や給料が）出るだろうかと考えました」

しかし，中山社長は，次のように「死の谷」を克服したと述べている．

「(新潟県庁から)先発して辞めた人もいますよね．技術士ではなくて，測量とか何かの．そういう人達が仕事を少し分けてくれたりしてくれました．あの頃は今みたいに，(仕事の受注に)そんなにうるさくなかったので，仕事が余っていたんです．例えば50万とか，100万未満の小さい仕事は，大きい会社は手を出さなかったのです．そういう時代ですから，できたばかりの小さい会社が指名されても，大きい会社は何も文句を言わなかったのです．今だったら，おそらく5年くらい経たないと，許されないと思います」

また，創業からの4カ月の一番苦しい時期について中山社長は，「ひやひやしていましたね．夏の時点で資本金はゼロでした．そこから運転資金を借り入れするのに，(銀行は)なかなか貸してくれませんでした」とも語っている．また当時の業務の状況について，中山社長は次のように述べている．

「会社の人員はわずか5人のため，昼は営業，夜は受注業務の消化で，それこそ目のまわるような毎日であった．最初の年は盆と正月を併せて3日程度の休みをとっただけと記憶している．毎日，深夜の帰宅が続き，風呂に入って寝るだけである．限られた技術員と安物の試験機器で，受注した仕事のやりくりが常に頭にあり苦労した．会社が営業を開始すると，受注が最優先される．次に良質な成果品を作ることである．一人二役，三役は当たり前で，事務管理にまで目を向ける時間など全くなかった」(『天の時　地の利　人の和』より)

ただ，こうした急場しのぎの小口の業務をこなしていくうちに，創業数カ月で既存業者と同じ程度に公共発注委託の指名を受けることができるようになった．たった数カ月で指名を受けるようになったことについて，中山社長は，

「やはり発注する側にすれば，今までいた仲間だし．さらに，仲間ということよりも，もう1つはやはり，私が技術士というか，どうせ知らない所だったらあそこのほうが，あの程度だったらいいだろうというなんとなく信頼できるということで，指名を出したんじゃないですか」

と述べている．そして初年度の経営状況について，中山社長は，

「初年度で，売上が 2000 万ちょっと行ったと思います．そして会社にすごい人気が出まして，夏頃には，社員が 5 人から 10 数人になりまして，年度末になったら 20 人くらいになっていました」

と述べている．こうして，キタックは順調に滑り出したのである．

6.3.3 人事戦略
(1) 創業時

創業メンバーは中山社長を含む 5 人の社員であった．専務は，中山社長と新潟県庁の同僚であった建設分野の技術職員を誘ってメンバーとした．そして，女性事務員を採用した．残る 2 名は，就職が決まっていなかった新潟大学の地質専攻の新卒学生を採用した．

前述のとおり，中山社長は自らの持つ技術にある競争力を認識しており，それを最大限に生かす創業メンバーを構成したといえる．参謀には，新潟県庁における同僚で信頼できる技術職員を起用し，また，企業としてのキタックは，地質技術で勝負するという中山社長の信念を実現するために地質技術をもった実働部隊である新卒者も必要となるからである．さらに，経理やもろもろの雑務をこなし，縁の下の力持ち的な役割を担う事務員も必要であり，そうした人材を獲得することができたのである．

そして，創業初年度に，社員を 5 人から 20 人に拡大した際は，新卒の技術者を採用したわけではなく，当時の U ターン・ブームによりまあ田舎へ戻ろうという技術者などを採用した．例えば，専門学校を卒業し東京に就職したが新潟に戻りたいという者，あるいは，電力会社に勤務している傍ら大学の夜間部に通学していて卒業するから新潟に戻りたいという者などである．

図表6-5 創業メンバーと採用方法

メンバー	出身	保有技術	採用方法
中山社長	新潟県庁	地質(技術士)	創業
専務	新潟県庁	建設	中山社長の誘い
地質技術者	新潟大学	地質	研究室訪問
事務員	—	経理	

(出典) 中山社長インタビューより筆者作成

中山社長は，こうした当時の採用の状況について，

> 「新卒はですね，あの頃は景気がいいからなかなか来てくれなかったんです．ただ，あの頃は化学の就職がないでしょ．教員にもなれない，『じゃあウチへ来ないか』って言って．それで例えば東北大とかね，その辺の化学出たようなのがいるんです．けっこう技術士まで取って成長して，やってます」

と述べている．事実，昭和47，8年のオイルショック当時は，化学を専攻した研究者の就職の状況が芳しくない時期であったといわれている．

(2) 中山社長の役割

当然のことながら，創業当初のキタックにおける中山社長の役割は，地質技術の中核を担っており，技術者として現場の最前線に立つと同時に会社の代表としての顔もあり，技術者と経営者の両方の役割を担っていた．

しかし，現在のキタックにおける中山社長の役割については，中山社長は「技術については何もやっていません．それはもう，技術者もけっこう育ってますし，それから中途採用なんかもいます」と述べている．このコメントから現在の中山社長の役割は，創業当初の「技術者＋経営者」とは異なり，経営者に専念していることが推察される．

(3) 経理担当者・顧問の獲得

会社の財務について中山社長は，創業から3年目まで事務員に担当させていた．しかし，手形の処理など，専門的な業務に対応する必要があるため，銀行に人材の紹介を依頼し，自動車販売会社に勤務していた人材を経理担当者として採用することとした．

また，一方で，地質の専門家で恩師でもある新潟大学名誉教授を最高技術顧問として招聘した．中山社長によれば，この最高技術顧問は技術のことだけではなく経営判断についても適切なアドバイザーとなっていたということである．中山社長は最高技術顧問についてこう述べている．

> 「(助かったのは)判断力です．地質では関係ない他のことでも，『先生，今，うちはこうなんだと思うけれど，どう思いますか』と尋ねると，『いや，このほうがいいですよ』というのは，大体間違いがないんです．そのへんが助かりまし

た．（ビジネスの）方向づけもそうですし，どこを，どういう形で進めていったらどうか，という話をするとね，『それはあっちのほうがいいですよ』という話がよく出ました」

と振り返っている．

(4) 採用戦略

創業して2, 3年目から，中山社長は，新卒採用を試みたが，思うように人材が集まらない．そこで，高卒者も技術者として採用せざるを得なかった．

キタックの採用は，基本的に技術者の採用である．7, 8年ほど前（平成6, 7年）から新卒募集で大学院修士課程を修了した人材を採用できるようになり，現在ではほとんどが修士以上の学歴である．しかし，博士はあまり採用しないという．この理由について中山社長によれば，

「専門性というよりも，やっぱり（大学院修士課程の）あの頃の2年というのは大きいです．行儀作法から言っても，やっぱり2年上のほうがいいです．ただ，（博士課程の）3年間というのは，会社よりもなんか，やっぱりユッタリやってるんでしょう．そうすると波長が合わなくなるんです」

と述べている．

このことから，キタックにおいて中山社長が技術者兼ビジネスマンとして活躍できるのは，学部卒でも博士でもなく，修士であると認識していることがわかる．そしてこのことは，人材の20代前半から20代半ばにかけての過ごし方がその人材の職業人生に大きな影響を与えるものであるということを中山社長は経験的に述べているのではないかと推察される．

(5) キタックのコア・コンピタンス

キタックの競争力の源泉たるコア・コンピタンスは中山社長のもつ「地質技術」であると思われる．しかし，前に述べたとおり，化学専攻の新卒学生を採用するなど，一見，キタックのコア・コンピタンスとは無関係の採用を行っているようにみえる．この点について，中山社長は，

「地質だって，地質学そのものは駄目でしょうけど，（必要な能力は）例えば数

値的に表現するようなところとか，そういう事だったんです．だから専攻が物理化学なんて社員もいます．その頃（採用に窮していた時期）の話ですからね，地質も土木も来てくれないか，もう理系であればなんでもいいと．例えば経営工学専攻なんていう人も入ってました．経営工学は数学だったと思いますね，主に．今は，数理的なものがほとんどですから」

と述べている．このことから，一見，地質技術がキタックのコア・コンピタンスと思われるが，そうではなく，実は，数理的技術ないし素養がコアであると中山社長の言葉から理解することができるのである．

すなわち，地質はその性質上，地表については目に見えてわかりやすいが，地中は直接目に見えるものではない．そうした目に見えないものを業としていくためには，数値で客観的に「目に見える」ようにし，顧客にその価値を認知してもらわなければならない．そうした数理的な素養がキタックのコア・コンピタンスといえるのではないだろうか．

キタックの技術に対する考え方は図表6-6のとおりである．

6.4　建設コンサルタント事業の成功要因

中山社長は，自費出版の書『天の時　地の利　人の和』において，キタック創業か

図表6-6　キタックの社是＜我が社の基本方針＞

一，我が社は，優れた技術を社会に提供し，社会の発展に寄与することを使命とする．したがって常に，誠実な業務遂行を信条とする．
二，我が社は，客先，株主，従業員，同業者，関連業者，地域社会等に信頼され，敬愛される会社になることを理想とする．したがって，その前提として常に細心かつ積極的に利潤を確保し，会社経理内容を充実すると同時に，相互理解と協力によって強固なチームワークで目標を達成することを本領とする．
三，我が社は，新しい優れた技術と新しい合理的な経営によって仕事を進めることを目標とする．したがって，常に初心にかえり新知識の吸収と創意工夫による革新に邁進し，我が国業界において，新鮮にして特色ある会社たることを誇りとする．

(昭和57年11月1日制定)

（出典）　中山輝也著：『天の時　地の利　人の和』，クリエイティブ蒼風（下線筆者加筆）．

ら現在までの30年間を振り返っている．この書のタイトルにあるように，中山社長は，キタックのここまでの成長の要因について「天の時」，「地の利」，「人の和」にあると認識しているようである．

したがって，中山社長のビジネスにおける意思決定の考察を行うにあたっては，中山社長の認識に基づいた分析を行う必要があることから，少々抽象的な文言であるが，分析の切り口を「天の時」，「地の利」，「人の和」とする．なお，後述するが，「天の時」とはキタックを取り巻く外部環境についての視点であり，「地の利」とは新潟という地域における地域特性についての視点，そして「人の和」とはさまざまなステークホルダーとの人的なネットワークの視点である．

6.4.1 天の時（外部環境）

「天の時」は，中山社長が創業してから現在までの外部環境や時代背景を考察する切り口である．

中山社長が創業した昭和48年以降は，田中内閣の日本列島改造論をはじめとして公共投資が盛んに行われるようになり，バブル崩壊まで公共投資は伸びつづけたのである（図表6-7）．さらに，キタックの立地する新潟は，「土木王国」と呼ばれるほど国内でも屈指の公共事業予算が配分されていた．すなわち，創業当初から現在までのキタックは，土木・建設分野という，規模が大きくかつ成長性の高い市場でビジネスを行うことができており，公共投資の拡大の時流にうまく乗ったともいうことができる．

6.4.2 地の利（地域特性）

（1） 地域にこだわる

「地の利」は，新潟県という地域特性を活かす切り口である．

まず，創業当時の新潟地域は，前述のとおり，「土木王国」であった．しかし，その一方で，高度な技術を持つ技術者は不足傾向にあったと思われる．この点について，中山社長は，

> 「国家資格を取得した技術者がわずかであった．県内には同業者は存在していたが，「技術士」資格をもつ技術者を抱える同業は少なかった．創業当時は，新

図表6-7 公的総固定資本形成の推移（1965年〜2000年）

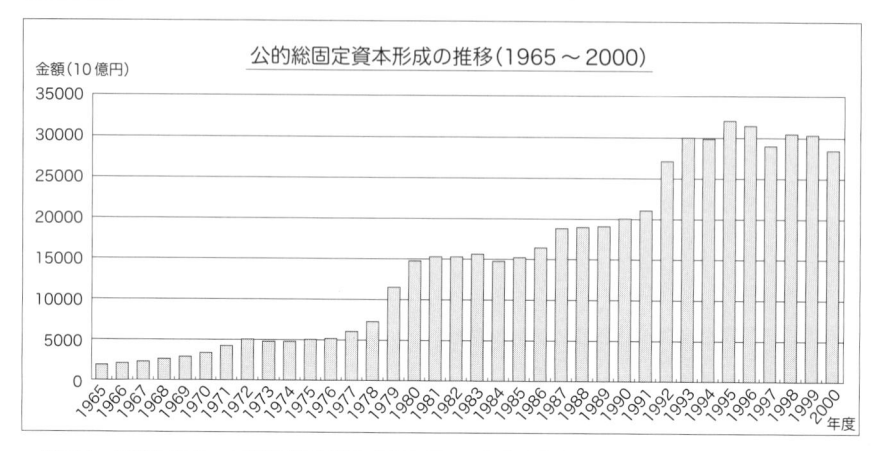

公的総固定資本形成の推移（1965〜2000）
[縦軸：金額（10億円）、横軸：年度 1965〜2000]

（出典）経済企画庁・内閣府「国民経済計算年報」より筆者作成
※「公的固定資本形成」とは，国内総生産（GDP）を構成する需要項目の1つであり，一定期間に国や地方自治体による公共投資がどれだけ行われたかを示し，国や自治体の公共事業関連予算の規模をほぼそのまま反映する指標であるとされている．

潟県内に技術士は全部門合わせても20人くらいであった」

と述べている．こうして，技術士である中山社長を有するキタックは，技術士資格により新潟地域における同業他社との差別化に成功したと評価することができる．こうした資格への取組みは，社員の採用や人材育成にもあらわれ，現在では，社員のほとんどが何らかの資格の保有者である（図表6-8）．

またキタックは地質に関しても地域における強みがある．地質というのは，地域によってその特性が異なり，ビジネスの専門性を高めれば高めるほど，必然的に地域密着にならざるを得ない．また，新潟県は，山間部が多く，地盤の悪い箇所も多い．したがって，新潟地域以外の建設コンサルタントでは，現地の地質を理解していないために，設計など業務の遂行がきわめてむずかしい．そこで，キタックは，東日本地域に密着して当該地域の地質を理解したうえで事業展開を図っている．そうした地質の特質から，キタックは地域をある程度限定して事業展開を行ってきた．そのことは，キタックの事業案内にも「東日本に密着したグローバル企業として迅速にお客様のニーズにお応えします．北陸，東北，関東地域への積極的事業展開を図っています．

図表6-8 キタックの技術者

人材教育

当社における最大の財産は人です。
人材確保・育成に力を入れながら品質管理を徹底しています。
有資格者の確保、資格取得への支援を積極的に行っています。

技術士	31名	1級土木施工管理技士	17名
技術士補	22名	2級土木施工管理技士	2名
RCCM	13名	甲種火薬類取扱保安責任者	1名
地質調査技士	32名	乙種火薬類取扱保安責任者	3名
測量士	16名	地すべり防止工事士	6名
測量士補	27名		

技術者総数	110名

（平成16年8月1日現在）

（出典）　キタックホームページ（http://www.kitac.co.jp/）

さらに国際市場の環日本海経済圏も視野に入れています」とうたわれていることからも読み取ることができる．

地質の地域密着性について，中山社長は，

「だって，全然知らないところに構造物を造って，同じ仕様で造れって言ったら，それはA社からZ社まで全部造れる，同じ状態だと思います．そこを考えながら，どういう方法で設計するって言ったら，やっぱり，（地域特有の地質を）知ってなかったら，なかなかむずかしいと思います．ですから今，ああやって，なんか透明性なんて言ってね，10社も20社も呼んでやってるのがおかしいんです．関係ない人が入ってくるんですから．少なくとも，その地域をよく知ってるとか，そういう仕事のベテランだとか，何か理由があって入ってるならいいんですけどね．結局，地元に技術士がいる会社というのがなかったのですが，そういう技術士に対する，役所側の信頼度っていうのが高いのです．他の会社はみんな，東京から10時間くらいかかる「朱鷺」か何かの電車に乗ってくるんです．ところが，地質の仕事というのはすぐにサービスできる，間に合うということが重要ですから．地域に密着しているというのは，そうだと思いますね．当然，今までも，テリトリーというか，東北まで入っていますけどね．たとえば西日本，

ここから西では石川県までビジネスをやっていますけれど，当然，管轄ですから．あとはせいぜい名古屋とか，九州あたり，若干の仕事をやったくらいです．あとは大体，東日本．（逆に全国展開は）必要がないというより，伸び盛りというものは，そういうことはできません．それで押さえていかないといけません」

と地質ビジネスにおける地域密着の重要性を強調している（図表6-9）．

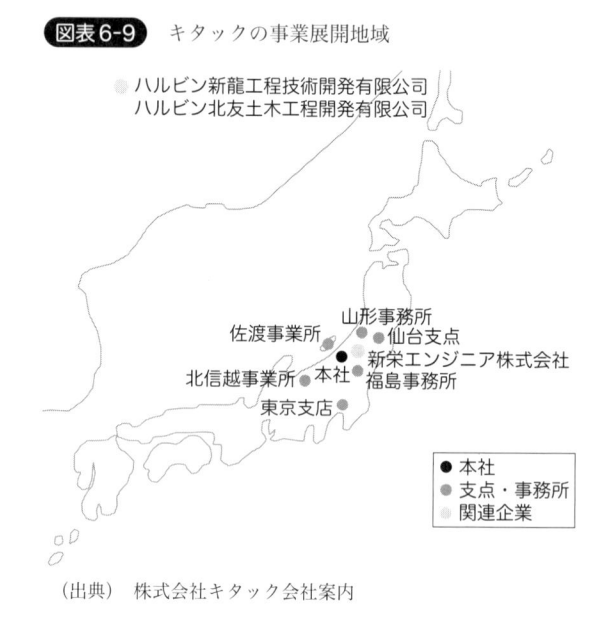

図表6-9 キタックの事業展開地域

- ハルビン新龍工程技術開発有限公司
- ハルビン北友土木工程開発有限公司
- 山形事務所
- 佐渡事業所
- 仙台支点
- 新栄エンジニア株式会社
- 北信越事業所
- 本社
- 福島事務所
- 東京支店

● 本社
● 支点・事務所
○ 関連企業

（出典）株式会社キタック会社案内

(2) 地域で活きる資格

キタックの建設コンサルタント事業は，技術士でなければ行えないわけではない．しかし，その業務は品質保証がむずかしい事業である．その意味で建設コンサルタント事業は「見えない事業」である．そしてまた，前述のとおり，地質は，顧客からみるとわかりにくい「見えない事業」である．そうした「見えない事業」を技術士という「資格」，ないしISO9001という「標準」で客観的に担保することで，顧客の信頼獲得につながったのではないだろうか．中山社長の著書『華甲に想う』にも，「私の商売は『技術士』という資格で成り立っている」という記述がある．

そして，本社ビルの名称を「技術士センタービル」と命名し，社団法人日本技術士

会北陸支部，合同技術士事務所に本社スペースを提供するなど，中山社長と技術士の関係は深い．資格を重視する姿勢は，キタックの人材教育方針にもあらわれており，資格取得への支援など積極的に取り組んでいる．その結果，従業員数137人の企業で，のべ110人もの技術者を抱えている．技術者の多さについて，中山社長は，「それはやはり，技術士1人ではどうにもなりませんから，事業部門で，一応できるだけ内部でつくりたいということです」と述べている．

6.4.3 人の和（人的ネットワーク）

(1) 販路開拓としての人的ネットワーク

「人の和」は，人的ネットワークから見た切り口である．

前述のとおり，新潟県庁の技術職員であった中山社長は，かつて公共事業の発注者という立場にもあった．したがって，受注側の企業に実践してほしいことや，絶対に守らなければならないことなどを十分に心得ていたと考えられる．中山社長は創業時にはすでに，こうした発注側のニーズを知り尽くしていたことになる．

この点，中山社長は，

> 「相手方（発注者）が，どの程度の仕事をやってきたかを知っていますから．そういうことで，それは助かりました．今だったら，（発注者の仕事を知るのに）おそらく5年くらいはかかるのではないでしょうか」

と述べている．

また，新潟県庁において中山社長がもっていた人脈も建設コンサルタント事業には，プラスに働いたと考えられる．一般に官庁における技術職の人事異動は，当該技術に関連する部署をローテーションすることがほとんどであり，中山社長が新潟県庁在籍時に培った人脈は，長期間にわたって活用が可能であったと考えられる．そして，こうした中山社長のもつ人脈は，前述のとおり，創業当初の死の谷を克服することにもつながっている．

(2) 情報の獲得先としての人的ネットワーク

また，人的ネットワークは，情報をもたらすものである．近年，インターネットによる情報化により，誰でもアクセスできる情報網は広がりを見せている．そして，その面では首都圏と地方の格差はない．しかし，インターネットで入手可能な情報とい

うのは，万人が共通にアクセスできる情報であり，そうした情報の入手が直ちに競争優位につながるわけではない．したがって，本当に知りたい，そして価値のある情報は，さまざまな現場のナマの情報であり，そうした情報は人を介して入手できるものである．

人を介して得られる情報の量は，人口や本社の有無など人の集まりに比例するから，首都圏と地方とでは格段の差が生じているのが現状である．とすれば，地方の企業は人的なネットワークを広く構築し，情報があればすぐに入手できる体制を構築しなければならない．

こうしてみると，中山社長の技術士会や地域経済への貢献は，企業の社会への還元活動として位置付けることが可能であるが，情報入手のネットワークとして位置付けることも可能であると考える．

これまで述べたキタックの成功要因をまとめると図表6-10のようになる．

図表6-10　キタックの成功要因

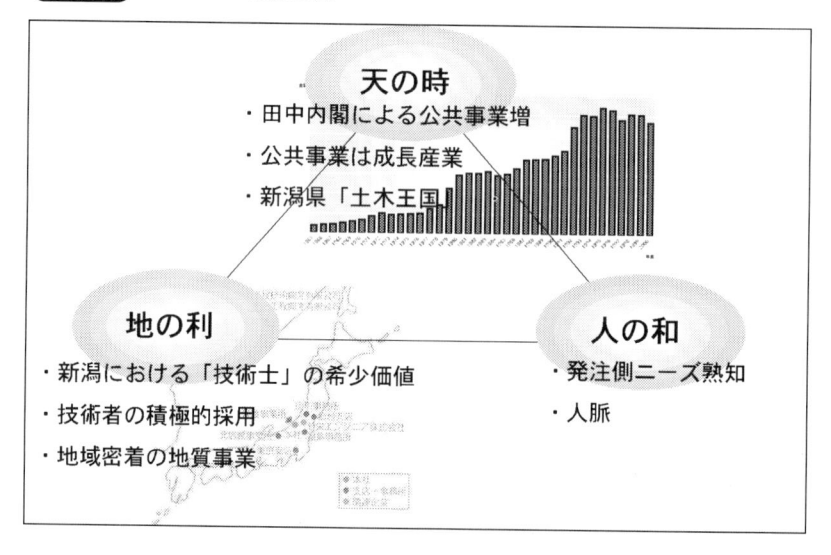

天の時
・田中内閣による公共事業増
・公共事業は成長産業
・新潟県「土木王国」

地の利
・新潟における「技術士」の希少価値
・技術者の積極的採用
・地域密着の地質事業

人の和
・発注側ニーズ熟知
・人脈

6.5 新事業開発の背景

これまでは，キタックの建設コンサルタント事業の成長とその要因を見てきたが，ここでは新規事業開発について考察する．近年，キタックは環境ビジネス事業を次々と立ち上げている．そうした新規事業開発の背景や取り組みについて考察する．

6.5.1 縮小する公共投資

バブル崩壊による税収減により，国家財政・地方財政が危機的状況に陥り，公共投資は景気刺激策も講じられたが，平成7年度(1995年度)を境に減少に転じた．加えて，2000年の政府のミレニアムプロジェクトを皮切りに政府のIT投資が増加した．すなわち，公共投資全体が減少している上にIT投資が増加することによって，公共建築・建設に関する投資額は相対的にかなり落ち込んだと推測することができ，建設業界にとっては，見た目以上に厳しい落ち込みということができる(図表6-11)．

中山社長はこの点について，以下のように述べている．

> 「実は，この公共事業中心というものは，今(ヒアリング時)から5年ほど前の平成10年が大きなピークです．その前の5年，それから平成元年から5年くらい，その頃は忙しくてどうにもならない，儲かる時期でした．ところがこのままやったら，いずれ何かが起きるだろうと(思っていましたが)，こういう時代にまでなるとは想像しませんでした」

6.5.2 環境保護法制の整備

前述の公共投資の縮小が時代の潮流であれば，逆に，環境に関する意識の高まりや法整備もまた時代の潮流であるということができる．平成5年(1993年)に公布・施行された環境基本法以降，平成10年(1998年)前後に公布ないし施行された環境関連法は主なものだけでも図表6-12のとおりである．

このうち，土壌汚染対策法の制定・施行について，中山社長は，「(土壌汚染対策法の制定・施行は)多分そうなるだろうということだったんです．今，空気は別にしまして，水と土壌は，これはどうしたって避けて通れないことだろうと思いまして」と述べており，中山社長の先見性の高さを示しているコメントである．

図表6-11 公共投資削減の動き

公的総固定資本形成(実績)の推移

年	公的総固定資本形成	対前年度伸び率
1990	21,629.6	
1991	23,558.0	108.9
1992	27,627.2	117.3
1993	30,421.6	110.1
1994	29,885.7	98.2
1995	31,801.5	106.4
1996	30,612.9	96.3
1997	28,530.6	93.2
1998	29,355.4	102.9
1999	28,409.0	96.8
2000	25,997.8	91.5
2001	24,310.6	93.5

(金額単位：10億円、対前年比)

(出典)『国民経済計算年報』より筆者作成

図表6-12 平成10年前後の環境法制の整備

法律名	公布年月日	施行年月日
環境基本法	平成5年(1993年)11月19日	平成5年(1993年)11月19日
環境影響評価法	平成9年(1997年)6月13日	平成11年(1999年)6月12日
ダイオキシン類対策特別措置法	平成11年(1999年)7月16日	平成12年(2000年)1月15日
特定化学物質の環境への排出量の把握等及び管理の改善の促進に関する法律(PRTR法)	平成11年(1999年)7月13日	平成13年(2001年)1月1日一部施行
土壌汚染対策法	平成14年(2002年)5月29日	平成15年(2003年)2月15日
環境省設置法	平成11年(1999年)7月16日	平成13年(2001年)1月6日

6.5.3 新事業開発の背景

新規事業開発の背景として重要なのは公共投資抑制の流れである．1995年を境に縮小の一途をたどっており，その結果，建設業界の市場は縮小し過当競争となってい

る．こうした市場の縮小に対して，中山社長は，

「いいところまで行ったのに，変な時代に入ったなと思っています．（建設業界は）残れるだろうと考えて，それなりに，人なんかも設備と同じように揃えて来たわけです．それをどうやって活かすかと考えています」

と危機感を表現している．

また，その一方で環境保護法制が整備されはじめたのもこの時期である．環境法制の厳格化は，裏を返せば環境市場の拡大を意味している．中山社長はこうした時代の流れを読み，新事業に進出したといえる．

環境ビジネスに進出する理由は他にも考えられる．土壌汚染などを想像するとわかりやすいが，いわゆる環境問題は，汚染などの問題状況発生が直接目に見えないことから問題になる．この点，目に見えない環境問題を扱う環境ビジネスは，同様に目に見えない地質を対象とするビジネスと類似する部分があるのではないか．すなわち，目に見えないものを数理的スキルを使い可視化するというキタックのコア・コンピタンスが活かせると中山社長は考えたのではないか．また，中山社長は「地質のほうの人間は土壌と，地下水には結びつける．そのへんのところがこれから増えていくのではないかなと考えています」とも述べている．

以上より，中山社長は，市場の拡大が見込まれ，かつ，キタックのコア・コンピタンスをいかせる事業が環境ビジネスであることを認識し，新事業開発を決断したのではないだろうか．

6.5.4 環境ビジネスにおける戦略

環境ビジネスの新事業開発において，地質技術・ノウハウの蓄積はキタックの強みでもある．しかし，環境ビジネスに直接に必要な新しい技術はその都度調達しなければならない．この点，キタックは，新技術に積極的な投資を行い，土壌汚染・地下水汚染調査の「ジオプローブ・システム」（カバーカラー写真下段中央および147頁写真）を導入した．

そして，地域に密着した経営を行ってきたキタックは，地域にそうしたニーズがなくてはビジネスにならない．そこで，環境問題の啓発活動を行い，市場を創り出すための取組みをあわせて行っている．

(1) 最新技術の積極的導入

　土壌汚染対策法が平成15年2月に施行され，工業用地の用途変更する際などに，所有者にその土地の汚染調査とその結果を都道府県へ報告することが義務付けられた．そこでキタックは，最新鋭のジオプローブ・システムを積極的に導入し，上記法定調査の獲得に乗り出している．そして，このジオプローブ・システムは，非常に高価な機材であるが，この導入について，中山社長は，

> 「本来，普通ですとボーリングをやりますが，ボーリングだと単価的に高い．ジオプローブですと，大体20メートルくらいまで連続で掘れますので，そうしたらそれをやるのが一番いいんじゃないかなと思って，1台買おうということになりました」

と述べている．

(2) 市場の創造（環境問題の啓発）

　新潟地域における環境ビジネスに対する顧客の認識について，中山社長は，「やはり東京とこの辺ではちょっと違うのではないでしょうか．やはり東京ではけっこう今は忙しいのではないですか．それが，こっち（新潟）までまだ波及してない」と現状では厳しい見方をしている．

　そこで，中山社長は，次に述べる財団法人による環境関係の講演会・セミナー等を開催し，新潟における環境問題啓発活動を行っている．具体的には，平成12年度を皮切りに，地方自治体及び事業所等における関係担当者を対象として，環境問題を主題にしたセミナーを開催している．このセミナーは，これまで「廃棄物処理問題，化学物質問題及び環境関連法と県条例の講演とワークショップ」（平成12年度），「環境汚染の現状と分析計測の最前線についての講演」（平成13年度），「環境モニタリング，環境経営及び土壌・地下水汚染調査についての講演」，「地質汚染と土壌汚染対策法のシンポジウム」，「計量法改正と試験所認定への環境分析所の対応方法についての講演」（平成14年度）といったテーマで開催されている．これらは，環境ビジネスに関する市場の創造・拡大をねらっているものと考えられる．

(3) 財団法人設立によるステークホルダーの囲い込み

　中山社長は，平成元年に地質の財団法人を設立している．当時の名称は「産業地質科学研究所」としていたが，環境ビジネスに進出する際に，「環境地質科学研究所」

と名称変更を行っている．

　環境ビジネスは，公共事業と同様，官の規制に大きく依存する．そこで，官も参加しやすい財団法人という形式で研究所を設立し，ステークホルダーを増やしながら，情報交換や啓発の場として活用している．なお，この研究所はキタック自社ビルの1階に置いている．

(4) 環境ビジネスの将来像

　現在の環境ビジネスの状況について，中山社長は，

　「第二の創業にもっていきたいのですけれども，今，いろいろな(環境の)分析なんかのね，入札に入りますと，どうしてもそれに対応できるくらいの単価ではないんですね，単価が下げられてしまって．今は試験所をつくったり，それから実績はこれくらいだということでやっています．ただ(相手が)民間の場合は，どの会社をやっているなんて，これは公表できませんからね．だから民間からやっていかないと，なかなかむずかしい．それが現状です」

と，キタックは事実上，環境ビジネスにおいては苦戦をし，第二の「死の谷」を迎えていることが推察される．

　そして，5年後ないし10年後には，キタックにおける環境ビジネスの見通しについて，中山社長は，次のように述べている．

　「従来型の公共事業関係も，けっこうメンテナンスのほうに移っていますから，維持管理の仕事，そういうものの調査設計の仕事．まずそちらがある程度，環境関連も，(公共事業関係の)落ち込みの分だけ伸ばしていけたら，それは当然，考えています．官発注のものは件数はそれほどでもないと思います．あとは民ですが，民発注というのも非常に低いわけです．それでも自分たちがやるものについては，とりあえずやっていますし．お役所のものは件数，そこまでいかないのではないでしょうか」

(5) キタックの環境分野のビジネスモデル

　例えば，土壌汚染調査を行って，仮に汚染が判明すると，次に浄化する必要があるが，こうした浄化事業は，現在のところは建設会社や道路の掃除会社，清掃会社などが手がけている．この点について中山社長は，

「(汚染浄化事業に進出することは)今のところありません．それは，それで例えば舗装会社がやっていたりしてますよね．だからむしろ，川上と川下のモニタリングの所に標準を合わしたほうがいいかなと考えています．浄化までやっていたら，モニタリングも売れなくなるので，棲み分けて，そうすればこうやる会社とあらかじめ話しておいて，うちではこうやりますから，こうだとか．そっちが終わったら，モニタリングはうちですよということです」

と述べ，キタックの環境ビジネスは，モニタリングに特化する戦略を採るとしている．

具体的にいえば，近年，企業倒産や企業の保有資産の見直しなどにより，工場をまるごと競売・売却するケースがあるが，何を上に建てるかよりも，まず地面のほうを調べたほうがいいのではないかということが主張されてきている．というのは，土壌汚染対策法によると土壌の汚染者が特定されない場合，土地の所有者が浄化を行う必要があるからである．すなわち，土地の所有者になろうとする場合は，それが汚染されているとなると，あたかもババ抜きのババをつかまされることになる．したがって，当然，そのリスクを回避するために土壌汚染のモニタリングを真剣に行うことになり，ひいては，モニタリング会社，すなわち，キタックが儲かることになるのである．

そして，土壌汚染は，短期的にのみ現れるものではないため，モニタリングは，一定期間が経過してからも行う必要がある場合も想定され，土地取引に付随する場合だけがビジネスチャンスではないのである．

これまでに述べた成功要因の変化をまとめると，図表6-13のようになる．

6.6 新技術による第二創業

これまでは，環境ビジネスに進出した経緯について述べてきたが，ここでは，キタックの環境ビジネスの具体的な取組みについて述べる．キタックの環境ビジネスは，海洋深層水，小型風力発電機，土壌・地下水汚染の調査解析などである．

一見，この3事業には相互に関連がなく，事業間のシナジー効果が機能しないとも思われるが，陸(土壌・地下水)，海(海洋深層水)，空(小型風力発電機)と新規事業

図表6-13 成功要因とその変化

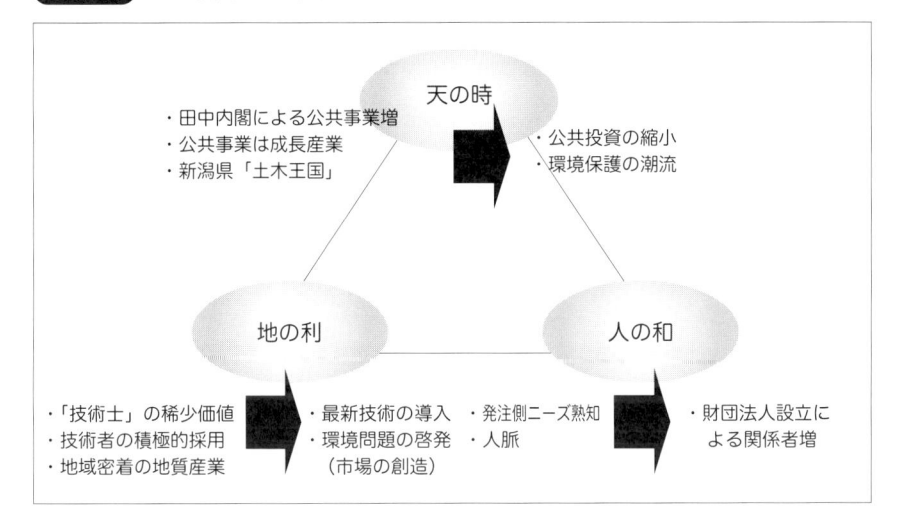

```
                          天の時
              ・田中内閣による公共事業増      ・公共投資の縮小
              ・公共事業は成長産業    →    ・環境保護の潮流
              ・新潟県「土木王国」


        地の利                              人の和

・「技術士」の稀少価値   ・最新技術の導入   ・発注側ニーズ熟知  ・財団法人設立に
・技術者の積極的採用  → ・環境問題の啓発   ・人脈          →  よる関係者増
・地域密着の地質産業     （市場の創造）
```

をそれぞれ異なる市場をターゲットとし，事業の共倒れを防ぐことができる点でビジネス立ち上げ期においては，効果的なラインナップであるともいえる．

6.6.1 海洋深層水

キタックは，新潟県佐渡市における海洋深層水の開発に研究段階から参加している．この海洋深層水事業は，旧畑野町の沖合約3,600m，深さ約300mから水をくみ上げ，水産業や食品産業，観光振興などに役立てようとする事業で，キタックや(財)環境地質科学研究所などが参加し，水質分析や海底の地形調査，取水方法の研究を行っている．

この点，キタックにとって，研究の早い段階から参加するメリットは，最先端の研究情報が常に得られ，新潟における環境ビジネスのリーディングカンパニーであるということを示すことができる点にあると考えられる．

6.6.2 小型風力発電機

キタックは，200Wから500W程度の小型風力発電機の製造販売を行っている．付属設備すべてを含む設置施工費込みで50万円程度にまでコストダウンに成功し，

環境教育に熱心な学校,山間へき地での利用を提案し販売している.キタックが風力発電機を手がけたきっかけは,中山社長が内モンゴルの牧場で回っていた風力発電機にひかれ,中国国内を細かく調べあげ,その1つを改良したことによる.

6.6.3 土壌・地下水汚染の調査解析

前述のとおり,土壌汚染対策法の施行にともない,キタックは,最新鋭のジオプローブ・システムを積極的に導入し,上記法定調査の獲得に乗り出している.

また,このジオプローブ・システムは,環境庁の「土壌・地下水汚染に係る調査・対策及び運用基準」の調査法に採用されたものであり,打ち込みポールに装置を組み込み,ダイオキシンや環境ホルモンおよびクロロエチレン等の揮発性有機化合物(VOC)の汚染物質調査や土壌・地下水のサンプリングが可能となっている.

6.7 成功のポイント

前述のとおり,キタックの環境ビジネスは立ち上がったばかりである.これからの環境ビジネスの成功のポイントは下記に述べること以外にも存するが,5つのポイントについて述べてみたい.

(1) 技術への「こだわり」と「過信」の峻別

中山社長は,最近の「創業者」について次のように述べている.

> 「創業者…,何かやろうという考え方でものをやってもなかなかできないんじゃないんですかね.例えば,自分はベンチャーを立ち上げようという気持ちだけだったらできないと思います.やっぱり技術,市場,人です.それが揃ってたところに,お金がついてくるんじゃないんですか.まあ,技術,技術じゃなくてもいいんでしょうけどね.何か商売になるものが.人がおろかだったらお金は貸しませんからね.するとやっぱり,売れるかっていう問題あるし,それが3条件じゃないかな」

世の中には,「良い技術があれば成功する(売れる)」という考え方がある.こうした見解に対しては,MOT (Management of Technology)の観点から批判がなされて

いる．そして，とりわけ地方の中小企業において，その傾向は高いかもしれない．

しかし，キタック中山社長のように，技術にこだわりをもち，自らも技術士である経営者から「技術，市場，人」という3条件が重要との指摘があった．そして，現にキタックはこの3条件にもとづき，環境ビジネスに進出している．これは，技術を戦略的にマネジメントするというMOTに合致するものであると考える．つまり，技術への「こだわり」は保持しつつ，「過信」はしてはならないのである．

(2) コアコンピタンスの活用

キタックのコアコンピタンスは，地質ビジネスにおいては，数理的な素養であると述べた．すなわち，地質というのは，地表だけを見ても地中の状態がわかるわけではなく，そうした地質の「見えない」特性を考えると，可視化することなしには，顧客に受け入れられないのである．そこで，見えないものを可視化するための数理的素養がコアコンピタンスとなるのである．

そして，環境ビジネスの成功のためには，キタックのコアコンピタンスを活用することが重要であると考える．例えば土壌汚染のケースでは，土地の表面を見ただけでは汚染されているか判断できず，汚染の有無を判断するためには，地中の汚染状況までを調査して数値で可視化しなければならないからである．ここに，地質ビジネスと環境ビジネスの共通項が存在するのである．

ただ，地質ビジネスと環境ビジネスとの異なる部分にも十分に留意する必要がある．発注者，発注者の発注のタイミング，発注者の求める価値（スピード，品質など），など，双方のビジネスにおいて異なる部分への対応は行わなければならない．

(3) 市場の創造

環境ビジネスは，潜在的な市場規模は非常に大きいといわれているが，現在のところ，顕在化している市場規模はまだ小さい．そこで，環境ビジネスの市場を大きくしていく必要がある．そのために，キタックは，財団法人を活用し，環境ビジネスへの啓発を行っている．こうした啓発活動を継続的に行い，さらに市場を拡大していくことが必要と考える．

(4) 規制ビジネスへの対応

　キタックの建設コンサルタント事業は，公共事業という官による規制産業であった．こうした規制産業にあっては，規制に関する情報がビジネスにとって非常に重要な経営資源となる．規制緩和等，規制の態様の変更により従来のビジネスのゲームのルールが変化する可能性があるからである．

　前述のとおり，環境ビジネスもまた規制産業である．キタックは，この点，財団法人を有効に活用して，行政との情報交換をスムーズに行い，行政による規制の動向についての情報を収集することが重要である．

　規制ビジネスにおける規制は，いわばゲームのルールである．これが改変されることは，従来のビジネスモデルが機能しなくなる場合も考えられ，規制の改変に対応することが必要となる．

(5) 儲けのしくみの確立

　キタックは環境ビジネスをモニタリングに特化したビジネスモデルとしている．

　仮に，キタックがビジネスの全てを手がけるとしたならば，どのような競争にさらされるだろうか．汚染浄化は大手建設業，いわゆるゼネコンも参入しており，公共事業縮減の時勢にあって余剰労働力を浄化事業に投入できる．キタックはそうした規模の経済との競争が生じる事業を避け，自社のもつ経営資源を冷静に分析したうえで「どこで儲けるか」を決定していることから，キタックの環境ビジネスは，キタックの持つ経営資源をモニタリングに集中投資するという戦略にもとづいた，地に足のついたものであるということができよう．

💭 **これについて考えてみよう！！**

―《ディスカッションテーマ案》――――――――

・(中山社長の経営判断という観点から) 新事業として環境ビジネスに進出すべきかどうかについて．
・アセスメントから汚染除去の一連の業務連鎖のうちどこまでを自社で行うべきかについて．

- 今日のベンチャーブームと中山社長起業時との相違について．
- (投資額に対してヒアリング時点で元が取れていない)ジオプローブ・システム購入が過大投資であったか，さらにキタックの環境ビジネス進出は成功するかについて．

〈参考文献〉

[1] 中山輝也：『社長が綴るキタック三十年　天の時　地の利　人の和』，クリエイティブ蒼風，2003年．
[2] 中山輝也：『華甲に想う』，クリエイティブ蒼風，2001年．
[3] 長沢伸也，蔡璧如：『環境対応商品の市場性』，晃洋書房，2003年．
[4] 長沢伸也：『環境にやさしいビジネス社会－自動車と廃棄物を中心に－』，中央経済社，2002年．
[5] 長沢伸也・森口健生：『廃棄物ビジネス論－ウエイスト・マネジメント社のビジネスモデルを通して－』，同友館，2003年．

第7章 アースデザインインターナショナルの廃棄物ベンチャービジネス
－廃棄物処理追跡システムのビジネスモデル－

※本章は，2004年1月23日に早稲田大学大学院アジア太平洋研究科における長沢伸也教授の講義「新商品・事業開発方法論」にて，アースデザインインターナショナル㈱の塚本英樹代表取締役が講演された内容をもとに，筆者が分析・考察などを加えたものである．

7.1 はじめに

本章では，環境ベンチャーの若き旗手として，注目されつつあるアースデザインインターナショナル株式会社(以下，EDI)，代表取締役・塚本英樹社長(以下，塚本社長)をとりあげる．

EDI，塚本社長のケースから学ぶ事は多くあるが，ここでは，ケースの全体を通して，①事業への熱い想い，②人との出会いに視点をおいて述べていく．本書の構成は，7.2節でEDIの事業環境を取り巻く，差し迫った廃棄物問題についての現状，7.3節でその解決策としてのEDIの事業について，7.4節で塚本社長のアントレプレナーシップについて，7.5節でEDIのビジネスモデルについて，そして7.6節でEDIの資金調達について検証する．

7.2 廃棄物問題を考える

　わが国における廃棄物問題は，難問が山積している．一般に，産業廃物処理過程は，①収集・運搬，②中間処理，③最終処分(埋め立て)と処理工程が行われるが，最終の産業廃棄物処理過程である．わが国の最終処分場の埋立地不足は危機的状態にある．図表7-1にわが国の最終処分量，図表7-2に最終処分量の残存容量を示すが，平成14年4月1日現在で，全国の産業廃棄物の最終処分量は4,200万トン，残存容量は17,941万立方メートルで，残存年数はわずか4.2年しかない．なかでも，人口集積度の高い，近畿圏だけをとると2.2年，さらに首都圏では1.1年と火急な解決を必要としている．このことがさらなる環境問題を引き起こしている．これらの点について，今回EDIの許可を受けて，EDI作成の資料より引用した．ただし，一部修正，加筆を行っていることを付け加える．

図表7-1 最終処分量

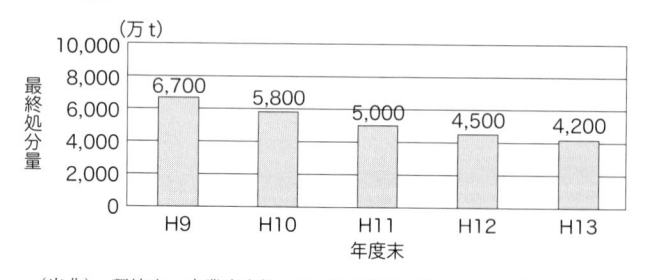

年度末	H9	H10	H11	H12	H13
最終処分量(万t)	6,700	5,800	5,000	4,500	4,200

(出典) 環境省，産業廃棄物の排出及び処理対策について(平成13年度実績)

図表7-2 最終処分量の残余容量

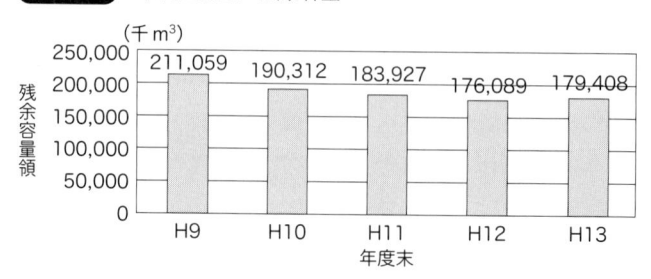

年度末	H9	H10	H11	H12	H13
残余容量領(千m³)	211,059	190,312	183,927	176,089	179,408

(出典) 環境省，産業廃棄物の排出及び処理対策について(平成13年度実績)

7.2.1 廃棄物業界の現状

高度経済成長期の幕開けとともに，わが国では，大量生産，大量消費，そして，大量廃棄の時代を経験してきた．その繁栄を象徴するかのように，近年，産業廃棄物不法投棄問題がクローズアップされはじめた．一例として，香川県・豊島では1970年代初頭から住民運動が起こり，いくつかの不手際も重なり対応が遅れ，問題の拡大につながった．産業廃棄物の危険性は，廃棄物の処理・管理が徹底されていない場合には，建設，化学，電機，食品，医療系などさまざまな廃棄物に含まれている有害な化学物質や重金属をはじめ，感染性の物質などが流出する可能性があり，土壌および水質汚染を引き起こし，人体や環境に対して多大な影響を与えることとなる．そして，廃棄物処理への課題を残したまま時が経ち，廃棄物処理への不信感や，住民による廃棄物処理場建設の反対運動など，最終処分場が慢性的に不足する状況を生み悪循環の一途をたどっているのである．政府は，これらの問題を解決するために，これまで廃棄物に対する法制度の強化を図り，1971年の「廃棄物処理法」施行以降，1973年，1976年，1977年，1991年，1992年，1997年，2000年，2002年と何度も法改正を重ねた．また，1991年の改正においては増え続ける不法投棄および不適正処理に対して，適正な処理を促進することを目的に，国は廃棄物管理票(マニフェスト)制度を導入した．マニフェストとは産業廃棄物を運搬・処理する際に，どのような廃棄物がどこからどのように運ばれ，どうやって処分されたかを示す帳票で，運搬および処理後の終了報告として排出事業者元に伝票が返送され確認できるしくみになっている．これが完全に機能すれば，不法投棄・不適性処理は根絶されるはずである．

7.2.2 マニフェストの問題点

しかしながら，実際に伝票どおり廃棄物が運搬・処理されているのかを逐次確認をすることは非常に困難である．それに加え，膨大な量の伝票管理，5年間の伝票保管の義務，最終処分業者から排出元企業への伝票返送猶予期限(最長180日間)の長さなどの要因から，紙によるマニフェスト制度のみでは管理が行き届かないという欠点がある．正規ルートより破格の安値で取引が行われることで適正な処理が行われず，不法投棄されたり，海外への不法輸出ルートへ流れたりするなど，さまざまな偽装工作や不適正な処理がなされる可能性を絶えずはらんでいるともいえる．適正な価格をもとに処理を行う優良な業者にとっては，一部の悪質な業者との共存の中，公平な条

件下での自由競争が行えないといったジレンマが，業界の発展を遅らせているといえる．

　一般的に産業廃棄物は，排出事業所から，収集・運搬業者によって中間処理場まで運ばれ，破砕や圧縮，焼却やリサイクルなどの分別・減量化がされた後，収集・運搬業者により最終処分場まで運ばれ，最終的に埋立てが行われる．また，収集・運搬過程において，業務の効率化からトラックで運び込まれた廃棄物がストックヤードへ一時的に保管され積替えが行われることもよくある．これは，小規模事業者が大半を占める産業廃棄物業界ならではのことで，その運搬経路は非常に複雑化している．こうした現状から，廃棄物の全処理工程を確実に把握することはむずかしく，排出以降は処理過程が不透明になりがちである．そして，この不透明さが，一部の悪質業者にとって都合の良い状態を作っているともいえる．

　しかし，環境に配慮した社会を形成していくうえで，危険性のある廃棄物の行方を正確に把握し適性に処理されたかを確認することは，廃棄物処理過程においてどのような環境負荷を与えているのか把握するうえで非常に大切なことである．このような背景から，EDIは廃棄物の追跡可能性（トレーサビリティ）を高め，適正な処理を促すことを目的に「廃棄物画像追跡管理システム」を開発するに至ったのである．

7.2.3　廃棄物処理のリスク管理

　2001年から排出事業者責任が厳しく問われることとなった．実際に，青森・岩手県境で起きた不法投棄事件では，その膨大な撤去費用に加え，排出元企業約1万600社を対象に，2003年4月に捜査が行われ，徹底的な問題追及がなされた．

　法を犯したり，社会通念に反することを行うことの企業リスクは，後始末のための金銭的な問題のみならず，企業イメージの低下や信頼問題など取り返しのつかない大きな打撃を与えることが多い．一方，収集運搬事業者，中間・最終処分業者にとっても収運・処理過程の透明性を表現できる本システムの導入により，安価で引き取る悪質事業者との差別化や適正価格の証明をすることが可能となる．廃棄物業界に限らず，今の社会において「透明性」を実現する事は非常に重要かつ必要である．その透明性の実現が，裏づけをもった確かな廃棄物情報やデータの管理を可能にした．このことは，今後導入が期待されている産業廃棄物処理業者の格付けや評価などに役立つものと考えられる．

2000年の法改正以降，排出事業者の責任が大幅に強化され，排出事業者では円滑な事業運営を続けていくために信頼できる産業廃棄物処理業者の選定が極めて重要な要件となっている．このことを受け，現在では，処理業者の評価や格付けの必要性が謳われるようになってきた．一方，産業廃棄物処理業者側からも一部の悪徳業者による不法投棄事件など，マイナスイメージに対し自ら適正かつ確実な処理を行う能力への客観的な評価を期待する声があがっている．これらの動きから，今後「廃棄物画像追跡管理システム」のような透明性を示すツールが，これら評価基準の1つとして有用ではないかと考えられる．残念ながら，現在の廃棄物処理業界においては，優良な業者を判断する決め手となりえる材料があまりない．廃棄物の電子情報管理化が進むことで，処理業者における廃棄物管理の透明性という明確なセールスポイントができ，優良業者が評価される社会を作っていくことが必要といえる．
　EDIのコアコンピタンスは不法投棄防止対策としての廃棄物処理状況追跡システムである．次章以降で，EDIの会社概要と廃棄物処理追跡システムのビジネスモデルの特許について述べていく．

7.3　アースデザインインターナショナルとは

7.3.1　会社概要

図表7-3にEDIの会社概要を示す．

7.3.2　EDIの廃棄物処理追跡システム（※EDIのビジネスモデルの特許(P3361802) 登録日2002.10.18）

　EDIは増加する不法投棄に対応するために廃棄物処理追跡システムを開発した．図表7-4に廃棄物処理追跡システムの概略図，さらに，ビジネスモデルの特許(P3361802)の概要を示す．

(1)　背景技術

　現在，産業廃棄物の不法投棄の不正，不法な処理を防止するために，排出事業者，収集，運搬業者，中間処理，最終処分業者が6枚綴りの産業廃棄物管理票（以下，マニフェスト）に記入，提出，保管して，産業廃棄物の処理，取り締まりを図っている．前記マニフェスト制度下では，作業者が手書きで記入，署名，捺印し，回送，保管，

図表7-3 会社概要

会社名	アースデザインインターナショナル株式会社（Earth Design International. Inc.）
所在地	〒107-0061　東京都港区北青山1-4-6　246青山ビル7F
連絡先	TEL：03-5775-6667／FAX：03-5775-6668
代表者	代表取締役社長　塚本　英樹
設立年月日	2000年9月7日
株主資本	2億3,506万円
事業内容	廃棄物追跡管理システムに関連するソフトウエアの販売，ハードウエアの販売 同システムの導入，教育，メンテナンス 廃棄物のコンサルティング
主要取引先	株式会社エヌ・ティ・ティ・エムイー 松下電器産業株式会社 双日株式会社(旧，日商岩井株式会社)
特許	廃棄物処理状況の追跡管理システム（日本特許　第3361802号） 　　　　　　　　　　　　　　　　　　（中国特許　ZL01804787.4）

（出典）　アースデザインインターナショナル株式会社 Web Page

図表7-4 EDIの廃棄物処理追跡システム概念図

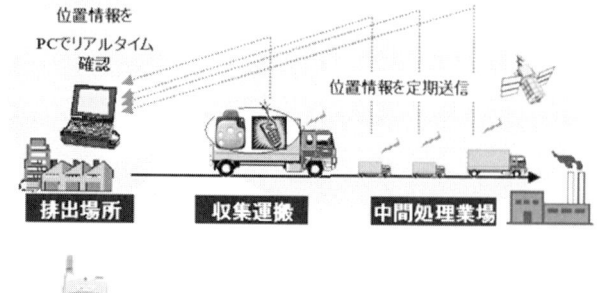

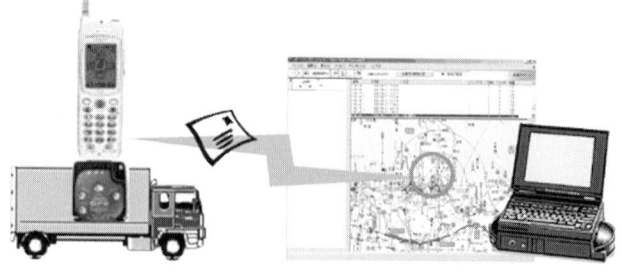

（出典）　アースデザインインターナショナル株式会社 Web Page

提出しなければならず,迅速性に劣る.

また,処理変化する廃棄物の実像がデータ記録されていないため,多くは作業者の記憶に頼ることになり,信頼性,正確性の点で問題視される.その為,不正,不法に処理される危険性がある.マニフェスト伝票の処理だけでは廃棄物の処理状況を明確にしかもリアルタイムに把握することが困難である.

(2) 発明の開示

発明の目的は産業廃棄物を処理する各工程で,廃棄物に関するデータを画像データとして,マニフェストや運搬経路等のデータと共にデータ管理部にて閲覧可能にし,廃棄物が確実に安全に処理されているか否かを,データに随時アクセスできて,客観的に判断できる廃棄物処理追跡システムを提供することにある.

7.4 塚本社長のアントレプレヌールシップ

企業は人,物,資金,さらに情報によって構成されているが,新たに創業する時は多くの場合,一人の発案者が存在し,その想いを種火として,周囲に点火していくことによって,起業が達せられるといえる.その意味でも,EDIの起業は塚本社長の事業への熱い想いからであると言っても過言ではないのである.ここでは塚本社長の起業家精神の発揮がEDIの事業化と深いかかわりがあることについて言及する.

7.4.1 起業家精神の育成

EDIの塚本社長は突然廃棄物処理業を経営する環境に置かれた.当時,大学に進学したが,都合で中退し,19歳より同事業に携わることになった.そして,その経験を通して,現状の事業・業界に多くの矛盾と疑問をもつようになった.塚本社長自身,

「私は今,このようなスーツを着ていますが,つい数年前までダンプの運転手をやっていました.大学をやめてから13年間,裏方の社会というか,静脈産業にかかわっていたという実体験があったからこそ,現在の事業にたどり着いたと思っています」

と語っている.また,一方では,「渋谷で作業中,偶然,大学時代の同級生に出くわ

したんです．しかし，その時，自分はなぜか物陰に隠れてしまいました．いつか胸をはって会えるようになりたいとその時思いました」といつの日か達成すべき目標として，事業家への熱い想いが起業への強い動機づけとなっているといえる．ある日，突然この業界に飛び込み，実態を自分の目で見，体感したことを次のように語っている．

「私は19才までは親の援助のもとに育てられ，学校にも行かせてもらい，ご飯も食べさせてもらい，好きなことをやらせてもらっていました．そして，環境教育というものを一切教わらずに青年時代を過ごしてきました．しかし，ある日突然，産業廃棄物業界という裏方の社会の実態を自分の身体で体験して，自分もこの社会の一員であると考えると，人生においてこのような事業が存在して，社会が成り立っている事実の大切さが理解されていない事に，非常に大きなショックを受け，そして多くの矛盾を感じました．それが，自分の感じた熱い想いをどうにか形にしたいということが志となり，やがて企業を起こして，社会に貢献したいという思いに変わってきました」

と，現状の廃棄物処理業界への強い矛盾感が起業の動機となり，熱い想いが高い志を持つに到った体験を述べている．

7.4.2 企業の社会性

「確かに，廃棄物処理法には『排出事業者が自ら廃棄物を処理しなければいけないが，許可を持っている人に委託することはOKです』となっています．しかし，現実に大企業が処理できないものを全国の中小零細企業10万社の業者が処理していかなければならないという，非現実的な社会があるのです」

と，塚本社長は，現実の廃棄物の処理責任に対して強い矛盾を感じている．また，適正な廃棄物処理を行ったら，適正な処理費用をもらえるようになってよいはずなのに，現実は安値がまかり通ってしまうという現状にも矛盾を感じている．このように，現状の廃棄物処理業界の置かれている厳しい環境を少しでも改善したいという，業界のレベルアップへの熱い想いが，塚本社長のアントレプレヌールシップを刺激していったのである．行政サイドから見れば，不法投棄問題への対応は，違反者を摘発

し，罰することによる再発防止が優先課題となっているが，廃棄物処理業者サイドから見ると，この問題は違法行為が業界の信頼を失うことにも通じる大きな問題である．この問題への対応は，排出者や業界の地位向上などの外部環境まで踏み込まないと真の解決にはならないのである．塚本社長のこのような認識の上に，熱い想いが志となり，アントレプレヌールシップの発揮がEDIの起業につながったのである．塚本社長のように，現実に感じる矛盾が，起業の誘因になる例も少なくない．

このように，高い志とイノベーションにもとづき独創性を発揮し，新規事業へ挑戦する企業はベンチャー企業と呼ばれる．ベンチャービジネスの特徴は「ハイリスク，ハイリターン」である．高い危険と高い報酬とが表裏一体をなしている．この将来のリターンのために，現在のリスクを許容する冒険精神がベンチャー企業を創出し，その精神を保有し起業する経営者をアントレプレナーと呼ばれる．

塚本社長は，自らの起業家としての青雲の志，さらに業界レベルアップへの高い志，事業そのものへの熱い想いが起業家精神の源泉であるといえる．「先見の明を持ち，危険を進んで引受け，利潤を生み出すのに必要な行為をする者」(R. カンティヨン)は起業家精神を述べているが，EDI塚本社長にピタリと照合する．アントレプレヌールシップをもったベンチャー起業家と呼ぶに相応しい人物といえる．

7.5 EDIのビジネスモデル

ここで，EDIのビジネスモデル確立の経緯について検証しながら，アイデアをビジネス化するビジネスモデルについて述べる．

7.5.1 EDIのビジネスモデルの特許の経緯

(1) 1999年2月14日，廃棄物画像追跡管理システムのビジネスモデルの特許申請を行う．

ビジネスモデルの特許のきっかけを，塚本社長は次のように語っている．

「私が廃棄物処理業界にいた時，ある大手コンピューター会社のSE(現，EDI藤野取締役)に出会い，廃棄物のマニフスト請求書を電子マニフェストに連動するしくみはできないかと，聞いたら，できますよって，お酒の席から始まったこ

となのです」

とあたかも思いつきのように語っているが，一方では，先進 IT 技術に強い関心をもっていた．

　「当時はまだ携帯電話にデジタルカメラもついていなかったですし，GPS もカーナビゲーションぐらいしかついていなかったですが，将来は必ず携帯や PDA にカメラの静止画，動画がつき，GPS も発展していくと思っていました」

と IT 技術の革新的変化を予感していた．さらにこの変化をビジネスチャンスに結びつける努力を塚本社長は行ったといえる．

　「GPS とか携帯を利用して，廃棄物処理追跡システムができないものかという構想を話したら，それは，特許を出しておくべきであろうという助言をいただきました．それで，2000 年 2 月に個人でビジネスモデルの特許を出しました」

と語ったように，この事業のコアコンピタンスである廃棄物処理追跡システムは塚本社長の卓越したアイデア，構想と IT 技術の革新的変化を予見したことが相まって，事業構想がビジネスモデルの特許として帰結したといえる．

　ビジネスモデルの特許とは，ビジネス方法(コンピューターを利用した情報処理技術)が特許として認められることである．数学上の処理やゲームなどであっても，その処理にコンピューターを利用するものである場合には，自然法則を利用したものであるとの要件を満たすからである．具体例として，プライスライン特許，ユーザーが希望する航空券等の購入条件に見合う販売業者を探す仲介をする，いわゆる逆オークション特許などが著名である．特許は競争企業の新規参入の強い参入障壁を形成することが可能になる．これによって，市場における強い競争優位性を獲得することができるのである．

(2)　2000 年 12 月，環境省より廃棄物運搬車両運行電子モニターシステムの実証実験を EDI 社が採択を受ける．

　ビジネスモデルの特許の申請は終わっているものの，特許の取得にはまだ時間を要する．しかし，EDI においては，このビジネスモデルの特許自身が唯一の商品でもあった．したがって，商品の販売普及活動は推進していかねばならない．この新商品

の普及には公的認知は必要不可欠である．塚本社長も

> 「当時，私がこのビジネスモデルを成功させるには，ようは大きいところが動かなければ無理，環境省と出会い，とりあえず，実証実験をしていただいたことが次につながった」

と述べている．

　国による本格的な創業支援はまだ，始まって間もないが，中小企業技術革新制度（SBIR）のような支援政策は，ベンチャー企業にとって，資金調達中心の支援から，一歩踏み込んだ，技術革新，ビジネスモデルの確立にも活用できる．今後の政策の充実と起業家の支援の有効活用が望まれる．

(3)　2000年12月，早稲田大学ベンチャーキャピタル「ウエル・インベストメント」1,000万円，2001年3月，日本政策投資銀行3,000万円，2001年10月三井住友SMBCキャピタル5,000万円，中小業投資育成4,000万円より投資受諾．

　このように，EDI社が多額の民間，公的投資資金の受け入れを可能にしたのは，無論，塚本社長の起業家としての卓越した経営能力によるものであることは疑問の余地はないが，塚本社長の熱い想いを形にしたビジネスモデル，廃棄物画像追跡管理システムの存在があったことを忘れてならない．

(4)　2002年3月，日本ITグランプリ受賞．

　中小企業，ベンチャー企業の大企業に劣る点の1つが，社会的信用力である．これを，補完するには，公的な高い評価を獲得することも効果がある．この点について，塚本社長は

> 「2002年の3月に日本IT経営大賞のグランプリをうちが取らせてもらいました．これがきっかけで松下電器さん，日商岩井さん，ベンチャーキャピタルから1億円増資することができて，ようやく資金的余裕ができました」

と語っている．

　EDI，塚本社長の場合，廃棄物処理業界のレベルアップへの思いと電子マニフェストの採用，不法投棄への法規制の強化のタイミングが，塚本社長に廃棄物処理追跡管理システムのアイデアの源泉を生み出させた．その後，多くの人との出会いの中で，

塚本社長のアイデアが1999年2月にビジネスモデルの特許申請をするに至った．ベンチャー企業において，新規参入の後発の強力な競争相手から市場を守ることは至難のことである．このため，事前に高い参入障壁を準備する必要がある．中でも法的参入障壁(特許)は非常に有効な方法であるが，特許取得までの時間と費用がかかることが創業に大きな負担となるケースが多い．EDIでも，日本国内で申請後，3年を経て，2002年10月にビジネスモデルの特許の取得が可能になった．国際特許はさらに時間がかかると考えられる．現在，EDIは中国，米国，その他ヨーロッパを含む7カ国に申請を出願している(中国特許については2004年4月に取得された)．

(5) 2002年12月，損保ジャパンよりEDI社システム利用業者等に限る廃棄物保険発表となる．

ビジネスモデルは，特許化できなければすぐ模倣されてしまう．周辺のノウハウ，暗黙知を他社に先駆けて，マニュアル化，形式知化して他社との差別化を図っていかねばならないのである．さらに，社外の力を活用することは，社内に経営資源の不足している中小企業にとっては現実的かつ有効な方法である．

塚本社長は，当時のことを次のように語る．

「うちのシステムを採用していただいたユーザーに対し，今の補強策として不法投棄された場合のリスク回避として，廃棄物保険が考えられませんかと損保ジャパンさんに提案しました」

このケースは，戦略的提携のケースであるといってよい．今後も垂直，水平型の企業提携を活用しつつ，同時に大学，TLO(技術移転機関)等との提携も推進していくことも必要不可欠である．

EDIのビジネスモデルは，顧客，仕入先，協力業者を含めた「事業が成り立つしくみ」である．わかりやすく表現すると，「始めようとする事業の特徴」であり，「儲けの仕組み」ということができる．EDIのようなITベンチャー企業においては自らの経営を社内，社外の利害関係者(ステークホルダー)に対して，プレゼンなどのアピールが頻繁に行われる．その際一般にはビジネスプラン(経営計画書)を使用することが多いが，その骨組みとしてもビジネスモデルは必要とされる．また，EDIのビジネスモデルにおいても内容に「①誰にどのような価値を提供するか，②そのために経営資源をどのように組み合わせ，③その資源をどのように調達し，④パートナーや顧客と

のコミュニケーションをどのように行い，⑤どのような流通戦略と価値体系の下で届けるのか，というビジネスデザインについての設計思想である」(国広領二郎，慶應大学教授)というポイントは必ず含まれねばならないといえる．EDI と同様に，現在，顧客に指示されている多くの企業は独自のビジネスモデルをもっているといえる．ビジネスモデルはまったく新しい製品やサービスを提供することに限らず，既存の製品やサービスにおいても他社になく，顧客の支持するものであれば，事業は成立し，成功は達成できる．したがって，事業のスタートさせる時，ビジネスモデルのできばえは，企業の成功の可否に重大な影響を与える．

繰り返すが，EDI のようなベンチャー企業の創業には多くのステークホルダーの理解と協力が欠かせない．その為にはビジネスプランを作成しなければならない．ビジネスプランは金融機関，ベンチャーキャピタル，エンジェル，公的補助金等の資金調達には欠かせない．そして，その中核をなすのがビジネスモデルなのである．

7.5.2 EDI の廃棄物処理追跡管理システム

一般に，産業廃棄物は，処理のためメーカーなど排出業者から収集運搬業者，中間処理業者を経て，最終処分場へ運び込まれる．産業廃棄物が適正に処理されたかどうかについては，これまで法律で定められた「マニフェスト伝票」を運用することにより行われている．

しかし，その管理は書類による確認のみに留まっており，実際に廃棄物がどのような運搬経路を辿ったのか，どのように処理されているのかが不確かな状態であり，不法投棄・不適正処理などの危険性をはらんでいる．

EDI の本システムは，図表 7-5 に示すが，GPS (衛星測位システム)とデジタル画像を利用し，廃棄物の排出から最終処分までの全処理過程および運搬経路情報をインターネット上で確認できるサービスを提供する．

(1) EDI のシステムの特徴

① 透明な廃棄物管理を実現
- 廃棄物の運搬車両への積込み・荷降しの状況(カバーカラー写真下段右列および P177 写真．廃棄物・運搬車両の状態を運転手がデジカメで撮影している)や処理場における処理プロセスの状況を画像情報として確認できる．
- また GPS を用いることで排出現場から，処分場までの廃棄物の移動・運搬経路

図表7-5 EDI の廃棄物処理追跡システムの概略図

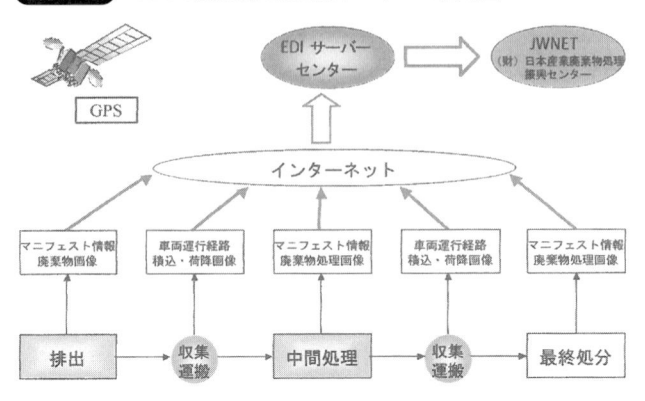

（出典）　アースデザインインターナショナル株式会社 Web Page

を地図上で確認することも可能となる．

② 法改正などに対応した最新のシステムを随時提供
・ASP 方式により，法改正など時代の流れに即した最新のサービスを提供．
・お客さまによるシステムのメンテナンスやアップグレードなど一切不要．
・また使用量に応じた料金設定により低価格によるサービスの提供を実現する．

③ 電子マニフェストおよび，種々のシステムと連動
日本で唯一の廃棄物処理法に定められた㈶日本産業廃棄物処理振興センターの電子マニフェストシステム（JWNET）と連動している．また運行管理システムや集計・請求業務などとも連動している．

(2) EDI の廃棄物追跡処理システムのメリット

EDI の廃棄物処理追跡システムにより，排出事業者，収集運搬事業者，処理事業者は，図表7-6のようなメリットがある．

以上が EDI 社のビジネスモデルの中核をなす廃棄物処理追跡管理システムの概要である．

EDI のケースでは，ビジネスモデル自体が他社への高い参入障壁となっている．その理由の1つは特許による技術的障壁であり，2つ目はこの事業の特異性として，実証主義があげられる．塚本社長は「この事業システムは上から，大きなところから導入していただかないと，広がらないと思います」と述べているように，最初に環境省

図表 7-6　EDI の廃棄物処理追跡システムのメリット

排出事業者　〜廃棄物管理のリスク回避に〜

- 文字情報(紙マニフェスト)のみの見えにくい廃棄物管理
- 毎年行う処理現場の視察

➡ **廃棄物の適正管理**
何時・何処からでもリアルタイムに処理状況を視覚的に確認が可能

- 伝票の保管スペースの確保が大変である
- 過去の伝票を探すのに膨大な手間を要する

➡ **データ管理の効率化**
マニフェスト伝票の電子化により廃棄物情報の検索や分析が素早く，紙伝票の保管が不要

- 排出以降のプロセスが見え難く廃棄物削減に向けて対策がたてづらい

➡ **廃棄物の見直し**
処理工程の把握ができることから減量・再利用・再資源化に向けた課題や現状の分析が可能

収運事業者　〜業務の効率化に〜

- どのような形状・量の廃棄物を運搬するのか事前に把握することができないため計画が立てづらい．

➡ **運行の効率化**
廃棄物の収集前に廃棄物の排出状況を画像にて確認することが可能となり配車計画が容易に．

- ドライバーの管理が難しく車両のトラブルなど見えない経費の発生が多い．

➡ **適切な運行管理**
車両の管理状況を画像として記録することにより責任を明確化，無駄な出費や事故を抑制．

- 伝票の仕分け・捺印などの処理に時間を要する
- 集計や請求作業において伝票との照合が大変である．

➡ **伝票処理の効率化**
電子化により，マニフェスト伝票の仕分けや捺印確認などが不要．また，請求・売掛買掛・集計などのシステムとも連動し業務が大きく簡素化．

- 伝票のサービス購入や印刷費用など紙である場合，恒常的にコストがかかる．

➡ **コストの削減**
ペーパーレス化により伝票購入費(50円/枚)や印刷費などが削減．

処理事業者

- 適正処理をしているのにもかかわらず，処理業界内でのダンピング競争などに巻き込まれ，排出事業者に対して適正価格で提供することが困難になってしまう．

➡ **適正処理・価格の証明**
取引先に対して，適正な処理状況を視覚的に証明ができ，適正な価格の請求が可能．

- 中間処理工程の前・後におけるマニフェスト伝票の紐付け業務は大変であり，その整理にも時間を要する．
- 集計や請求作業において伝票との照合が大変である．

➡ **伝票処理の効率化**
処理業者にとって複雑な1次と2次マニフェスト伝票の関連付け業務が非常に簡素化．また，請求・売掛買掛・集計などのシステムとも連動し業務が大きく簡素化．

- 地域との信頼関係づくりが難しい．

➡ **企業のイメージアップ**
地域にとって見え難かった県内外から運び込まれる廃棄物の適正な処理状況の説明資料として．

の実証実験に採択され，高い信頼を与えられた．さらに，NTT，松下電器，新日鐵，香川県の採用により，デファクトスタンダード化してしまい，さらなる高い参入障壁を形成することになった．しかし，一方では，塚本社長の志にある廃棄物処理業界のレベルアップのためや公共の利益のためには，広く社会に普及していくことが重要であるために，あえて一部を開放して参入障壁を低くし，普及を優先させるという戦略も考えられる．

かつて，真珠王として，名声を馳せた御木本幸吉翁は伊勢志摩を一大真珠産地に育て上げ，自らもミキモト・パールとともに名実ともに頂点を極めた．この過程で，御木本翁はあえて特許を申請せず，普及を計った．しかし，いずれにせよ EDI とミキモト・パールの事例はビジネスモデルとしては稀有の成功事例であるといえる．

7.5.3 EDI のビジネスモデルの評価

最後に事業の中核をなすビジネスモデルの評価について述べる．ビジネスモデルも最初から完全なものができあがることはない．最初は，単なるアイデアとか，想いの段階では，実際の事業案として成りたたない．もし，創業までに完成度が低い場合や重大な問題が明確になっていない場合は，起業したとしても成功には到達できない．失敗のリスク回避の意味でも，創業以前に自らのビジネスモデルを客観的に評価する必要がある．また，創業後であっても，外部環境の変化，予想しなかった新事実などが発生した場合，管理のサークル (Plan Do Check Action) に従い，計画したビジネスモデルの再評価を行うことは有効である．

(1) EDI の魅力度について《この事業は将来，魅力ある事業かどうか》

EDI の事業領域は環境ビジネスの範中に属する．わが国の新産業戦略分野としては，IT，バイオ，ナノテク，環境と今後重点的に研究開発が行われ，新技術と相まって，新事業，商品開発，ベンチャー企業の創業が期待される分野である．その意味では環境ビジネスの将来市場の成長性は期待できる．特に，廃棄物処理事業については，わが国は欧米先進国に比較して，企業規模，社会的認知において立ち遅れが際立っている．翻って言えば，今後の革新により，高い成長が見込めると可能性を秘めているといえる．さらに，市場を細分化し，絞り込むと EDI の事業のコアコンピタンスは廃棄物処理追跡システムである．対象顧客は①廃棄物排出者(大企業，地方自治体など)，②廃棄物処理業者(処理業者，収集運搬業者，地方自治体など)となる．

これらの顧客は不法投棄に対し，社会的，経済的に大きな被害にあっている．そして，その被害はわが国の多くの市民に直接，間接被害(土壌汚染，健康被害，悪臭など)にも及んでいる．

　平成12年には不法投棄の罰則が強化されたが，不法投棄の環境犯罪は平成14年の検挙件数は，総数3,905件，内廃棄物処理法違反は3,383件と大部分を占め，年々大幅に増加している．廃棄物処理法違犯の内，不法投棄が70.7％，産業廃棄物犯が38.8％を占めている．このことが，環境破壊の原因の1つとなっているため，早急な対策を推進する必要がある．

　このような社会的に不法投棄に対する関心が高まり，環境省はその防止対策を草案した．このことは，EDIの事業将来性の魅力度を高めている．環境省は，不法投棄そのものの撲滅をめざし，特に大規模な犯罪(5,000トン超)を5年以内にゼロにすることを掲げた．平成12年には廃棄物処理法の改正により罰則が強化され，都道府県においても，警察と連携し取り締まりの強化や暴力団の産業廃棄物処理業からの排除を行い，一定の効果は得られたが，さらに巧妙化，悪質化した不法投棄に対処していく必要がある．そのためには，適正処理の透明性を高めるために，下記のような制度の整備が必要と考えられるとしている．

A)　産業廃棄物を運搬する場合，運搬車両に会社名などの必要な表示を行う．

B)　産業廃棄物を運搬する場合，車載地や荷降し地などを記載した書面の備え付けなどを行う．

C)　電子マニフェストの普及促進に取り組む．

D)　IT技術を活用(GPS，ICタグ，携帯端末など)した，廃棄物追跡システムと電子マニフェストを組み合わせたシステムの導入の検討を推進する．

E)　適正処理を確実に行う．優良産業廃棄物処理業者の育成，本来，産業廃棄物は排出事業者が自ら処理を行うことが，原則となっている．その処理を他社に委託する場合，優良で信頼できる産業廃棄物処理業者の育成を求める声が高まっている．同時に，排出事業者も処理費の安さだけを判断基準にするだけでなく，適正処理を確実に行う優良な処理業者を選択する意識をもつことが重要である．

F)　情報公開を行う．情報公開廃棄物処理業者のデータベースを作成し，透明性，信頼性の向上に努める．公開は，事業内容，処理施設の能力と実績，財務諸表，業務管理体制，従業員教育，行政処分暦，環境対応姿勢(ISO14000シリーズ認

証取得等），インセンティブとして委託事業の入札資格，公的補助金，融資の優遇，○適マークの付与などがあげられる．

このように，環境省が制度の支援を行っているが，長沢教授の言葉に引用すれば「業界がこの電子マニフェスト制度を導入しようとしていますが，私に言わせればEDIのやっているものが，デファクトスタンダードになっていくと思って見ております」と語っているように，政策上の実質支援はEDIの事業の社会的魅力度を高めている．

競争者についてはビジネス特許とデファクトスタンダードで，高い競争障壁を形成している．市場では独占的地位を確保できる状態は競争面において，魅力度は非常に高いといえる．しかし，広範に普及することによるメリットを考えるには，ミキモト・パールのような一部特許の開放も必要といえる．

(2) EDIの適社度について《この事業はEDIに適しているか》

EDIの事業資金面での適社度は，創業時点では極端に低かった．会社の設立資本金は多くの場合，起業家自身によってまかなわれるが，起業家が若年の場合，資金の蓄積不足が起こる．

塚本社長も「当時，資本金1,000万円でスタートしたんですが，僕自身50～60万円しか持っていませんでした．友人から絶対成功するからと言ってお金を集めて会社をつくりました」とスタートから資金調達には苦労している．その後の資金調達は環境省の実証モデル受注，ベンチャーキャピタル（大学系，政府系，大企業系，金融系など）からの出資で，何とか受注，売上の不足をリカバリーしてきた．EDIの廃棄物処理追跡システム事業は研究開発型事業といえる．したがって，システムの研究開発からシステムの販売までの期間がかかりその間の資金が多額になる．当初からこの資金調達の計画を作成する必要がある．EDIは現在は資金余裕も生まれてきたが，資金面でのこの事業はEDIにとって適合性は決して高いとはいえなかった．しかし，塚本社長の事業への熱い想いが多くのベンチャーキャピタルを動かし，資金調達を可能にした稀有の事例ということができる．

販売，サービス面においても，設立時には高いとはいえなかった．塚本社長自身が各所でプレゼンを多数行い，販売促進と新たな人との出会いを実践していった．その結果，環境省のモデル事業に取り上げられ，大企業と出会い提携，システムの販売網の構築につながっている．2002年3月の日本IT経営大賞グランプリ受賞，2004

年2月の発明大賞(田邊発明功労賞)受賞も，社会的認知に大いに役立ち，同時にEDIの顧客増加と多くのEDIサポーター形成に寄与したのは事実といえる．こうして，徐々に顧客が紹介，推薦し，口コミで販売網が形成された．また，商社，損保会社などの新たな代理店販売網を構築していくことにもつながり，販売面でのEDIの適合度も高まったといえる．

一方，事業知識，技術ノウハウに関しては，廃棄物処理業界でのキャリアが有効に活用され，高い適社度を形成できたといえる．技術ノウハウの不足を他社(NTT，松下電器など)とのアライアンスで弱みを強みに変えて，適社度を高めることに成功している．中でも，ビジネスモデルの特許は，EDIのこの事業における最大の強みであり，高い適社度を形成しているといえる．

7.6 EDIの資金調達

次に，EDIの創業から各段階での事例でベンチャー企業の資金調達を検証する．

(1) 創立期

2000年9月，塚本社長個人が資金を集め，中野区の自宅の一室に資本金1,000万円でアースデザインインターナショナル株式会社を設立する．

EDIの塚本社長は大学中退後，すぐ廃棄物処理業界に入ったが，業界の実態を知るにしたがって，疑問，矛盾を感じるようになったと後述している．しかし，その矛盾をテコに廃棄物処理追跡システムを考案した．まさにピンチをチャンスに変える起業家としてのポジティブシンキングといえる．さらにその事業の企業化をめざして，EDI設立に向けてスタートすることになった．しかし，まず設立資本金不足の壁に突き当たった．後に塚本社長は当初，資金調達の一環として，ナスダックジャパンにも赴き，プレゼンテーションも行った．くしくも，ITバブルがはじけ，なかなか耳を傾けてもらうことにいたらなかったと語っている．さらに，会社設立時の資金不足を補うには経費の切り詰めを行う必要がある．塚本社長の場合，

「会社設立といっても，僕の8畳の部屋に中古の机を2つ並べたぐらいのところからスタートしました．その直後，早稲田大学教授の長沢先生に出会い事務所にもお越しいただきました．今は青山にありますが」

とスタートアップ時の厳しい資金事情を物語っている．長沢教授はその後，「従業員3人の頃から伸びる会社だと思っていました．将来の経団連の会長になると，著書のなかでも紹介しました」とEDIの将来の成長性について語っている．

起業家が事業を創業する時から軌道に乗るまでには時間がかかる．その間に，さまざまな問題が山積してくる．創業時には予想できない問題にも遭遇するが，事前に想定されていてもその解決策が見つからず，また，解決に長期間を要すると判断して，創業を断念または，延期する起業家も数多い．創業希望者に創業の問題点についてのアンケート調査を行うと，人・物・金・情報のすべてに不足感を感じているが，図表7-7にみられるように，特に資金調達に問題を抱えていることが多い．これは，年齢的には資産蓄積の低い若年層に顕著である．EDI塚本社長も創業意欲は高いが資金不足問題がネックになっていた．外国の場合にもオランダの個人追跡データから，起業をしない人々の起業しない理由として，意思が無いというよりも資産不足等の外的要因が大きいことを報告しているし，英国でも資産的制約が開業の妨げになることを

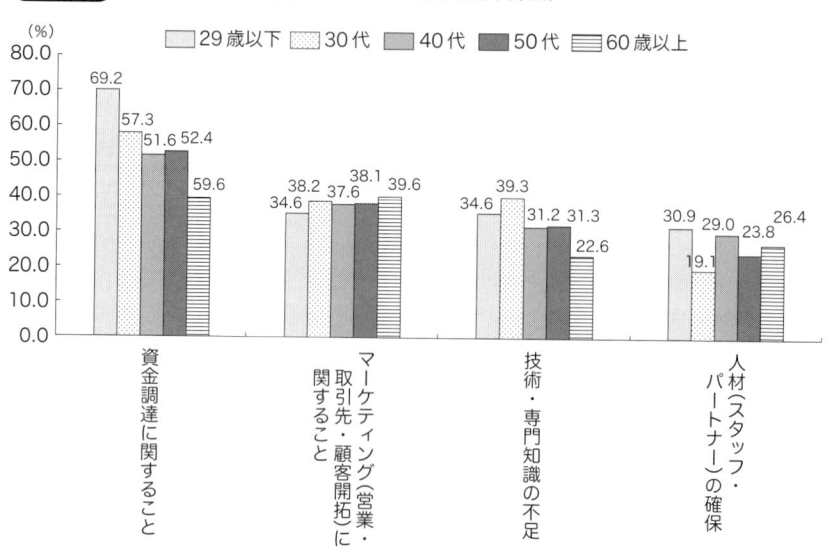

図表7-7 創業希望者の創業にあたっての問題点（年齢別）

項目	29歳以下	30代	40代	50代	60歳以上
資金調達に関すること	69.2	57.3	51.6	52.4	59.6
マーケティング（営業・取引先・顧客開拓）に関すること	34.6	38.2	37.6	38.1	39.6
技術・専門知識の不足	34.6	39.3	31.2	31.3	22.6
人材（スタッフ・パートナー）の確保	30.9	19.1	29.0	23.8	26.4

（出典）日本商工会議所・全国商工会連合会：『平成12・13年度『創業塾』修了者に対する追跡アンケート調査』(2002年6月)より筆者作成
（注）1．調査時点で，創業準備中の者のみ集計し，上位4つを掲載した．
　　　2．複数回答のため合計は100を超える．

確認している．

　このように，研究の多くが創業に際しての一番の障害は資金面の制約であると報告している．資金調達は創業からアーリーステージにかけての最大の問題であるが，また，創業といっても，EDI のように一定以上の企業規模をめざすベンチャー企業とそうでない企業のタイプによって，必要資金も異なってくる．

　創業者のタイプを次の4タイプに区分すると，EDI の塚本社長は，①のタイプに当てはまる．

① 「企業型」事業規模拡大させて，株式上場を目標に置くタイプ．一般にベンチャー企業といわれる．
② 「家庭型」地域密着で小規模で自分や家族のライフスタイル重視するタイプ．
③ 「社会型」社会貢献を重視し，NPO 等を設立するタイプ．
④ 「研究型」小規模で，研究・開発を目的に追及していくタイプ．

　EDI のようなベンチャー企業は特に必要資金の額が大きく，成功すれば大きな利益を得ることができるが，成功までの投下費用と回収までの期間が大きくなる傾向がある．理由としては

① ベンチャー企業は投入する新しい商品・サービスの研究開発に多くの投資を行うための資金調達が必要になる．
② ベンチャー企業は参入する新市場の獲得するに必要なマーケティング費用の調達が必要になる．
③ ベンチャー企業は競合企業に対する戦略費用(参入障壁を高くする)が必要となる．

が挙げられる．

　これらの資金を，すべて企業家自身で調達することは不可能であり，家族に依頼するにも限界がある．

(2) 成長期(1)－ベンチャーキャピタルからの出資

　2000 年 12 月，早稲田大学ベンチャーキャピタル「ウエル・インベストメント」より 1,000 万円の出資完了．

　後に塚本社長は

「1,000 万円というお金はかなり多いようで，あっという間になくなりまし

た．青森県で環境省の7,000万円の実証実験をやりましたが，4月にならないとお金が入ってこないのです．実験中も，寒さで高価なデジタルカメラが壊れてしまいました．ちょうどお金も尽きている時に，早稲田大学のウエル・インベストメントさんに出会い，プレゼンをして，これも運良く1,000万円出資をしていただきました．個人株主も募って4,000万円でどうにか乗り切ろうとしました．この時も本当に4,000万円というお金は非常に大切なお金でした．事業計画で考えていた以上のお金がかかり，本当に，毎日毎日，お金がない状態が続きました」

とアーリー・ステージのEDIについて述べている．当時の状況を早稲田大学大学院アジア太平洋研究科委員長で，ウエル・インベストメント取締役の松田修一教授は「塚本社長のビジネスモデルが確実なもので，将来性も高いという確たる確信にはいたらなかった．しかし，事業に対する高い志と熱い想いにこころを動かされた」と語っている．

　売上がまだない時，さらに事業計画以上の出費に対しどう事前に資金調達を行うか．一般に，会社設立後，新製品，サービスの開発があり，新製品の製造，顧客の開拓，実際の販売，請求事務，売り掛け債券の回収，現金化にいたるまで，一年以上かかる．その間，人件費，仕入れ，設備投資，家賃，光熱費，通信費等の必要経費は容赦なく支出される．売上入金が確実にあがるまでの期間は資金繰りが最も苦しく，何かのトラブルで売上入金がずれるケースは多い．この間の厳しいアーリー・ステージの苦しい時期をデス・バレー(死の谷)といい，企業存続を決定する大変危険で，重要な時期である．

(3) 成長期(2)－ベンチャーキャピタルからの出資

　2001年10月，中小企業投資育成より4000万円，三井住友SMBCキャピタルより5000万円の出資完了．

　その後，EDIにおいては，実証実験，システム開発，協力会社への支払いは増大するものの，2000年12月に採用の環境省からの入金は2001年4月，また，NTT東日本は2001年4月に採用という状況で，収入がほとんどない状態である．研究開発型ベンチャー企業は，商品開発に時間がかかる．その間，売上がたたず，収入がなく，支出のみが計上される．この期間をいかに短くするかは大事な要件であるが，革

新的プロトタイプの開発には長期間の研究開発と多額の投資が必要であることは明白である．その意味では，革新的な研究開発に投資する外部からの投資家の存在がかかせない．米国においては，ベンチャーキャピタル(機関投資家)，エンジェル(個人投資家)の質，量ともにわが国よりも先行している．わが国においては，基盤整備と充実が急がれる．一方，投資先は，いわゆる，「ハイリスク，リターン」先のベンチャー企業には，慎重になるのは，当然である．

ベンチャー企業側は十分な情報開示と説明責任がともなう．これには，通常ビジネスプランのプレゼンテーションが行われる．資金調達の際の説明にもビジネスプランはかかすことはできない．また，投資家側からは，経営の全権を掌握し，事業の成功の命運を一手に荷う代表者への評価はおのずと厳しくなる．代表者はその意味では一言一句について細心の注意を払う必要がある．塚本社長は振り返って，次のように語った．

> 「2001年の5月は実は資金的に最大のピンチでした．7,000万入っても7,000万出て行ってしまって，お金がないんですよ．5月にベンチャーキャピタルの方々と第三者割当増資しようと，話はトントン拍子でした．ところが，私がつい口を滑らして，『一緒に代理店をやってくれる企業が必ず出資してくれます』と言ってしまいました．それが，出資条件になってしまって，ところがその企業が出資できなくなってしまって，すべてが駄目になってしまいました．このことは誰も教えてくれなかったんです．その後は，これに懲りて，事業計画書も2通り作成しました．幸い，9月には三井住友さんから5,000万，11月には中小企業投資育成さんから4,000万の出資をいただきました」

と資金調達の苦労と薄氷を踏む思いを回想していた．

(4) 成長期(3)－大企業企業からの出資

2002年3月，松下電器産業，日商岩井ベンチャーキャピタル(当時)より1億円出資完了．

ベンチャー企業の場合は，資金調達力が劣ることが多いが，同時に社会的認知度も低く，信用力も劣る傾向がある．信用力の補完をするには，公的ないしは知名度・信用度の高い大企業の力を活用することは有効な方法である．塚本社長は，振り返って次のように述べている．

> 「松下電器さんのような固い会社に出会い，うちのような小さなベンチャー企業に出資してくれたことは，うちの1つの武器にもなりました．要は，大きいところが動かなければこの事業は無理だと思いました．環境省が実証実験をしたことにより，日本の大企業が動く．NTTさん，松下さんが動くというようにです」

と，大企業の信用力を十分に活用して，事業の拡大を図っているたくましいベンチャー企業の姿をみることができる．一方，投資大企業側からすれば，新事業，新市場に参入リスクを減らしながら，新事業開発ができるメリットがある．

今後のわが国の中小企業は，弱者保護から変化を事業機会に変えるイノベーターとしての存在が期待されている．まさにEDIは好例といえよう．

資金調達の面では，EDIの場合，増資もしくは社債で賄っている．この方法は，直接調達であり，資金・経営の安定，安全性からは好ましいことである．特に，ベンチャー企業の場合，信頼度の高い企業等の出資は社会的信頼を得る効果も高く，その後の販売活動に大いに貢献してくると考えられる．一方，デメリットとしては，多くの株主が増えることにより，利害の調整が困難になるコンフリクトのリスクが高まるといえる．加えて，経営陣の独立運営に支障きたす場合がある．また，直接金融は間接金融より資金の調達コストは高くなるので，第二ステージではバランスを考慮する必要がある．

7.7 成功のポイント

(1) 事業への熱い想い

塚本社長のアントレプルヌール・シップ(起業家精神)の形成には，幼少よりの事業家環境による所は大きいといえる．しかし，EDIを起業しようとする直接的な動機は廃棄物処理事業への矛盾との葛藤を通し，自らのアイデア，構想へのこだわりであり，さらにそのこだわりがビジネスモデルをうみだすことになった．そしてそのビジネスモデルをいつの日か事業化したいという熱い想いがEDIを誕生させたのである．さらに，塚本社長と外部との多くの出会いがEDIを支援する一大出会いサポートネットワーク形成にもつながっていったといえる．

(2) ビジネスモデルの特許（P3361802）

EDIにおいても事業への熱い想いを形式知化する必要がある．ビジネスモデルは一般には後の社内，社外の説明資料として，活用される事業計画書（ビジネスプラン）の準備とされる．しかし，EDIにおいては，ビジネスモデルの特許として申請し，正式に登録された．このことは市場での競争戦略で圧倒的に優位にたつことができる．他者はEDIのビジネスモデル特許の高い技術的参入障壁にはばまれて，参入が困難になった．特許取得によって社会的認知がたかまり，公的入札，大企業とのアライアンス，販売促進，資金調達などに強くプラスに働いたといえる．さらに，特許は，EDIの廃棄物処理追跡システムを事実上のデファクトスタンダード化した．これによって，EDIは受注に際してはほぼ唯一の指名業者となりえている．事実上の市場独占を形成するにいたったといえる．

(3) 出会いのチャンス

事業は一人の熱い想いからはじまるが，一人では起業できない．EDI社のビジネスモデル特許支援担当のSE（現，EDI藤野取締役），さまざまな人脈の紹介を行ったホテルオークラの橋本顧問，地域活性化研究所の川島代表，日本テレネットの代表取締役，瀧社長，最初にEDIを公に取り上げた環境省の担当者，早稲田大学長沢教授，資本金を最初に出資した友人，最初の投資家の方々，ウエル・インベストメント浅井社長，同取締役松田教授，ベンチャーキャピタル，NTT-ME（池田社長，井上部長），松下電器産業（田中副社長），双日などの大企業，保険会社の人との出会いがあったのである．そして，出会いを塚本社長は事業のチャンス（機会）にかえることに成功したといえる．言い換えれば，塚本社長は人との出会いのわずかなチャンスを確実に活かすことに結びつけたことが事業の成功に大きく寄与したといえる．「幸運の女神は，前髪はあるが，後ろ髪はない」とチャンスは人々に平等にあるがチャンスを活かす人は少なく，その人が運の良い人といえるのである．

(4) 資金調達の成功

EDIの資金調達は，ベンチャー起業としては，決して準備周到，資金的に潤沢とは言えない．研究開発型企業の特性からいえば，倒産の確率がかなり高いといえる．しかし，塚本社長は，最初から一貫して，資金調達の重要性を認識し，外部からの資本

を大胆に受け入れる方針をつらぬいた．さらに，投資家に対し最大，細心の注意と信頼への努力怠らなかったことが多額の資金調達を成功させたポイントといえる．無論ビジネスモデル特許，出会いの人々の支援，塚本社長の熱いアントレプレヌールシップも資金調達に相互にプラス作用していることは指摘しておく．ベースになるキャッシュはすべて定量化され，数値化され，最も科学的に合理的に粛々と進む考えがちである．しかしながら，現実は調達したい起業家は多くの場合，たった一人の人間である．ところが，投資する投資家は多くの場合，多数であるが，一体全体どこにいるかはわからない．起業家の熱い想いと不確実な将来のリターンを共有して投資してくれる人や協力支援してくれる人はどこにいるのか．起業の成功の確率は低く，失敗にリスクも大きい．

　将来の成功を夢みて創業を希望する人は現在のわが国でも少なくないが，実際に創業する人は少ない．起業を阻害する要因は数多く存在している．このように，わが国の起業環境は整っているとはいえないが，このような長期不況の中でも，ピンチをチャンスに変えて，チャレンジするアントレプレナーは存在する．EDIの塚本社長は，まさにベンチャー企業のモデルケースといえる．わが国経済の期待はこのような優れたアントレプレナーの多くの排出を待つことであるが，その基礎基盤整備として，規模の大小にかかわらず多くの創業を支援することが大切である．企業の役割は一方の雇用確保，地域経済の担い手としての存在も見逃してはならないといえる．
　最後にわが国のアントレプレナーを志の皆さんの成功を祈りつつ，一助足らんことを願うものである．

> これについて考えてみよう！！

《ディスカッションテーマ案》

- 塚本英樹社長の事業への「熱い想い」と「冷静な判断」について．
- 廃棄物の収集・運搬，中間処理，最終処分(最終処分場の建設を含む)の一連の業務連鎖のうちのいずれか，または全てを自社で行うべきかについて．
- 電子マニュフェストの普及は同社にどのような影響を及ぼすかについて．

・廃棄物処理法の度重なる強化や自動車リサイクル法の施行，廃棄物処理業の優良化への取組みなどは同社にどのような影響を及ぼすかについて．
・同社はどこまで成長するか，またすべきかについて．

〈参考文献〉

[1] 長沢伸也・森口健生：『廃棄物ビジネス論』，同友館，2003年．
[2] 長沢伸也・蔡璧如：『環境対応商品の市場性』，晃洋書房，2003年．
[3] 長沢伸也：『環境にやさしいビジネス社会－自動車と廃棄物を中心に－』，中央経済社，2003年．
[4] 三井逸友：『現代中小企業の創業と革新』，同友館，2001年．
[5] 早稲田大学ビジネススクール，『MOT入門』，日本能率協会マネジメントセンター，2003年．
[6] 早稲田大学ビジネススクール，『技術戦略』，日本能率協会マネジメントセンター，2003年．
[7] 松田修一監修早稲田大学アントレプレヌール研究会，『ベンチャー企業の経営と支援』，日本経済新聞社 2002年．
[8] 大江建：『新規事業立ち上げ・運営ノウハウ』，すばる舎，2003年．
[9] 大江建：『起業戦略』，講談社，2002年．
[10] 柳孝一・藤川彰一：『ベンチャー企業論』，日本放送出版協会，2001年．
[11] 中小企業庁，「中小企業白書(2003年版)」，ぎょうせい，2003年．
[12] アースデザインインターナショナル株式会社，Webページ．
[13] アースデザインインターナショナル株式会社，作成資料．
[14] 環境省，Webページ．
[15] 中小企業庁，Webページ．

索　引

【あ行】

アースデザインインターナショナル
　　17, 177, 181
　　──のビジネスモデル　185
　　──のビジネスモデルの評価
　　　192
iモード　12, 21
　　──の料金設定　36
　　──を構成する要素・パーツ　27
iモード事件　28
熱い想い　89, 114, 139, 200
MOT教育　4
アントレプレヌールシップ　183
衣服に関する研究　131
X-TRAIL　14, 83
　　──商品像　89
　　──販売実績　84
NTTドコモ　12, 21
　　──のイノベーション　39
　　──の成功要因　39
　　──の戦略　39
MOT　1

【か行】

開発者の意識と知識　98
外部環境　159
海洋深層水　171
科学的アプローチ　139
科学と技術　126
カメラ付き携帯電話　75
体の形の定量化　128
加齢にともなう姿勢の変化　136
感覚生理研究　130
感性品質　111
環境ビジネス　16, 147
　　──における戦略　167
　　──の将来像　169
環境問題の啓発　168
キーテクノロジー　65
　　──の保有　80
起業家精神の育成　183
企業の社会性　184
技術開発力　69, 80
技術起点の経営　149
技術経営　1
技術士資格　151
技術的専門知識　101
技術力　6
キタック　16, 147
　　──事業内容　148
　　──のCI　148
　　──の概要　147
　　──のコア・コンピタンス　157

──の成功要因　164
　　　──のビジネスモデル　169
QCD　1
競争優位性　68
グループインタビュー　111
携帯端末の開発　35
携帯電話市場　22
ゲートウェイ・サーバー　26
原価意識　100
建設コンサルタント事業の成功要因
　　158
コアコンピタンスの活用　173
高画素化ブーム　58
小型風力発電機　171
顧客ニーズの収集　87
顧客ニーズを生かした商品開発
　　87, 113
コミットメント　90
　　──制　94
コンシェルジェ・コンビニサービス
　　32
コンセプトメイク　132
コンテンツ　27
　　──戦略　33
　　──プロバイダ　34

【さ行】

採用戦略　157
CCD　54, 61
資金調達　195
　　──の成功　202
市場の創造　168, 173

シャキッとブラ　16, 119, 133
社内セールス　36
収集運搬事業者　191
商品開発　35
　　──のコンセプト　32
商品企画七つ道具　109, 116
処理事業者　191
シルエット分析法　128
新規市場創造　41
信号処理LSI　61
新事業開発　165
　　──の背景　166
人事戦略　155
新商品開発マネジメント　1, 3
　　──の研究課題　9
　　──の現状　6
人的ネットワーク　163
心理学　103
ステークホルダー　168
スパイラルエイジング　129
成功のポイント（NTTドコモ）　41
　　──（富士写真フイルム）　79
　　──（日産自動車）　113
　　──（ワコール）　141
　　──（キタック）　172
　　──（アースデザインインターナショ
　　ナル）　200
製品コンセプト　79

【た行】

縦型デザイン　62
駄目案件の回避　42

地域特性　159
チーフ・ビークル・エンジニア(CVE)
　　92
チーフ・プロダクト・スペシャリスト
　　(CPS)　92
チーフ・マーケティング・マネジャー
　　(CMM)　92
team X‐TRAIL　107
地の利　159
ディスカッションテーマ案(NTTドコ
　　モ)　47
　　――(富士写真フイルム)　80
　　――(日産自動車)　117
　　――(ワコール)　144
　　――(キタック)　174
　　――(アースデザインインターナショ
　　　ナル)　203
デジタルカメラ　13, 49
　　――業界の成長性　75
　　――の現状　50
　　――の国内出荷数量シェア　51
　　――の国内出荷数量シェア推移
　　　52
　　――の出荷台数推移　50
　　――の部品構成図　66
　　――の容積と重量　64
デジタルスチルカメラ　53
デファクト・スタンダード　40
電子スチルビデオカメラ　53
電子マニフェスト　194
天の時　159
同一人物の時系列的変化　129

土壌・地下水汚染の調査解析　172

【な行】

日産自動車　14, 83
　　――の新商品開発体制　92
日産リバイバル・プラン　84
日本人女性の姿勢の変化　136
人間科学研究所　124
　　――の研究領域　127

【は行】

パーシーブド・クオリティー　111
廃棄物処理　180
　　――のリスク管理　180
　　――追跡システム　17, 177, 181
　　――追跡システム概念図　182
　　――追跡システムの概略図　190
　　――追跡システムの特徴　189
　　――追跡システムのメリット
　　　190, 191
廃棄物ベンチャービジネス　17, 177
廃棄物問題　178
排出事業者　191
場の維持　42
バリューチェーンの構築　38
ビジネスモデルの特許　201
ビジネスモデル分析　38
非接触三次元計測装置　128
必然的ヒット　9
ヒット商品開発　8
　　――の法則　10
人の和　163

100万画素　54
品質機能展開（QFD）　93, 111
FinePix700　49
　──の製品コンセプト　59
富士写真フイルム　13, 49
　──の競争優位性　65
　──の自社保有技術　66
プラットフォーム　40
ブランド　2
ブランドアイデンティティー　111, 112, 116
プログラム・ダイレクター（PD）　92
プロダクト・チーフ・デザイナー（PCD）　92
ベンチャー　150
ボディデザイニングビジネス　121

【ま行】

マーケティング　36, 103
マーケティング感覚　115
マーケティング力　69, 80
マニフェスト　179
　──の問題点　179

マネジメント力　6
マルチン式計測法　128
3つの質　130
魅力的商品　2
メガピクセル機　59
モアレ縞計測法　128
モバイル・インターネット・ビジネス　38

【や行】

よい案件の獲得　42

【ら行】

ライフサイクル　7

【わ行】

ワコール　15, 119
　──概要　122
　──経営の基本方針　122
　──事業領域　121
　──商品の売上げ構成表　122
　──チャネル別売上げ構成　122
　──における商品開発プロセス　124

【著者紹介】

大貫　明人（おおぬき　あきと）

日本電信電話株式会社（ＮＴＴ）　勤務

2003 年　早稲田大学大学院 アジア太平洋研究科 国際経営学（MOT）入学

現　在　早稲田大学大学院 アジア太平洋研究科 国際経営学（MOT）在学中

検見崎　兼秀（けんみざき　かねひで）

半導体設計会社　勤務

2003 年　早稲田大学大学院 アジア太平洋研究科 国際経営学（MOT）入学

現　在　早稲田大学大学院 アジア太平洋研究科 国際経営学（MOT）在学中

石川　誠（いしかわ　まこと）

三菱証券株式会社　勤務

2003 年　早稲田大学大学院 アジア太平洋研究科 国際経営学（MOT）入学

2004 年　早稲田大学大学院 アジア太平洋研究科 国際経営学（MOT）修了
　　　　　技術経営学修士（MBA in Technology Management）

梅田　學（うめだ　まなぶ）

GE 横河メディカルシステム（前職）

2003 年　早稲田大学大学院 アジア太平洋研究科 国際経営学（MOT）入学

現　在　早稲田大学大学院 アジア太平洋研究科 国際経営学（MOT）在学中

榎　新二（えのき　しんじ）

新潟県庁　勤務

2003 年　早稲田大学大学院 アジア太平洋研究科 国際経営学（MOT）入学

現　在　早稲田大学大学院 アジア太平洋研究科 国際経営学（MOT）在学中

豊泉　光男（とよいずみ　みつお）

経営士，公害防止管理者

2003 年　早稲田大学大学院 アジア太平洋研究科 国際経営学（MOT）入学

現　在　早稲田大学大学院 アジア太平洋研究科 国際経営学（MOT）在学中

【編著者紹介】
長沢　伸也（ながさわ　しんや）
早稲田大学ビジネススクール（大学院アジア太平洋研究科国際経営学専攻）教授，工学博士
1955年　生まれ
1978年　早稲田大学理工学部工業経営学科卒業
1980年　同大学大学院理工学研究科機械工学専攻博士前期課程修了
　立命館大学経営学部教授などを経て，現在に至る．専門は新商品・新事業開発マネジメント論および方法論，感性工学，環境ビジネス．

≪主な著書≫
- 『顧客価値創造ハンドブック』（共著，日科技連出版社，2004年）
- 『日産らしさ，ホンダらしさ－製品開発を担うプロダクト・マネジャーたち－』（共著，同友館，2003年）
- 『デザインマネジメント入門－デザインの戦略的活用－』（共編著，京都新聞出版センター，2003年）
- 『環境対応商品の市場性－「商品企画七つ道具」の活用－』（共著，晃洋書房，2003年）
- 『感性商品開発の実践－商品要素へ感性の転換－』（編著，日本出版サービス，2003年）
- 『キリン「生茶」・明治製菓「フラン」の商品戦略－大ヒット商品誕生までのこだわり－』（共著，日本出版サービス，2003年）
- 『廃棄物ビジネス論－ウェイスト・マネジメント社のビジネスモデルを通して－』（共著，同友館，2003年）
- 『MOT（マネジメント・オブ・テクノロジー）入門』（共著，日本能率協会マネジメントセンター，2002年）
- 『環境にやさしいビジネス社会－自動車と廃棄物を中心に－』（単著，中央経済社，2002年）
- 『ブランド帝国の素顔 LVMH モエ ヘネシー・ルイ ヴィトン』（単著，日本経済新聞社，2002年）　※中国語翻訳版も台北・商周出版から出版．
- 『感性をめぐる商品開発－その手法と実践－』（編著，日本出版サービス，2002年）
- 『商品企画七つ道具実践シリーズ第2巻－よくわかる編－』（共著，日科技連出版社，2000年）　※中国語翻訳版も台北・中衛発展中心から出版．
- 『商品企画七つ道具実践シリーズ第3巻－すぐできる編－』（共著，日科技連出版社，2000年）　※中国語翻訳版も台北・中衛発展中心から出版．

生きた技術経営 MOT

2004年9月29日　第1刷発行

編著者　長　沢　伸　也
発行人　小　山　　薫

発行所　株式会社　日科技連出版社
〒151-0051　東京都渋谷区千駄ケ谷5-4-2
電話　出版　03-5379-1244
　　　営業　03-5379-1238～9
振替口座　東京　00170-1-7309

検印省略

Printed in Japan

印刷・製本　㈱中央美術研究所

Ⓒ *Shinya Nagasawa et al. 2004*　　URL http://www.juse-p.co.jp/
ISBN 4-8171-0108-3